ABRAZA TU ÉXITO

DIANA HENRI

★

ABRAZA TU ÉXITO

Nota a los lectores: Esta publicación contiene las opiniones e ideas de su autor. Su intención es ofrecer material útil e informativo sobre el tema tratado. Las estrategias señaladas en este libro pueden no ser apropiadas para todos los individuos y no se garantiza que produzca ningún resultado en particular. Este libro se vende bajo el supuesto de que ni el autor, ni el editor, ni la imprenta se dedican a prestar asesoría o servicios profesionales legales, financieros, de contaduría, psicología u otros. El lector deberá consultar a un profesional capacitado antes de adoptar las sugerencias de este, la integridad de la información o referencias incluidas aquí. Tanto el autor, como el editor, la imprenta y todas las partes implicadas en el diseño de portada y distribución, niegan específicamente cualquier responsabilidad por obligaciones, pérdidas o riesgos, personales o de otro tipo, en que se incurra como consecuencia, directa o indirecta, del uso y aplicación de cualquier contenido del libro.
Este libro no podrá ser reproducido, ni total ni parcialmente, sin previo permiso escrito del autor. Todos los derechos reservados.

Título: *Abraza tu éxito*
© 2018, Diana Henri

Autoedición y diseño: 2018, Citizen of the World Invest, S.L.
Primera edición: noviembre de 2018

La publicación de esta obra puede estar sujeta a futuras correcciones y ampliaciones por parte del autor, así como son de su responsabilidad las opiniones que en ella se exponen.
Quedan prohibidas, dentro de los límites establecidos por la ley y bajo las prevenciones legalmente previstas, la reproducción total o parcial de esta obra por cualquier medio o procedimiento, ya sea electrónico o mecánico, el tratamiento informático, el alquiler o cualquier forma de cesión de la obra sin autorización escrita de los titulares de copyright.

ÍNDICE

Índice

AGRADECIMIENTOS..........................13

CAPÍTULO 1
TU ÉXITO COMIENZA AQUÍ Y AHORA..........15
1.1 ¿De qué depende el éxito?.................18
1.2 Aprovecha al máximo este libro.............19

CAPÍTULO 2
¿Y TÚ QUÉ DESEAS?........................23
2.1 La importancia de encontrar tu misión......28

CAPÍTULO 3
ÉXITO Y FRACASO..........................31
3.1 ¿En qué áreas se puede tener éxito?........34
3.2 El éxito según las grandes fortunas........38
3.3 El fracaso................................40

CAPÍTULO 4
HAZTE RESPONSABLE DE TUS SUEÑOS..........43
4.1 Revisa tu sistema de creencias.............47
4.2 El precio de tus sueños...................49

CAPÍTULO 5
PONTE METAS Y ACTÚA......................55
5.1 La gestión del tiempo.....................59

5.2 Lo urgente y lo importante 62
5.3 El principio de Pareto 65
5.4 Atrévete a soñar a lo grande 68

CAPÍTULO 6
¿QUÉ TIENEN EN COMÚN
LAS PERSONAS DE ÉXITO? 73
6.1 Pensamientos ricos vs. pobres 75
6.2 La lista del éxito 78
6.3 Los hábitos de las personas exitosas. 79
6.4 ¿Cómo crear un hábito? 87
6.5 Salir de la zona de confort 98
6.6 El poder de las afirmaciones 100

CAPÍTULO 7
¿TENGO QUE SER MILLONARIO
PARA TENER ÉXITO? 103
7.1 La relación de las
    personas de éxito con el dinero 105
7.2 ¿Cómo administras tu dinero? 110
7.3 Consejos de grandes empresarios. 114

CAPÍTULO 8
EMPRENDIMIENTO Y ALTRUISMO 117
8.1 ¿Por qué algunos millonarios
    donan parte de su fortuna?. 122

CAPÍTULO 9
CÓMO RECONOCER A UN LÍDER 125

CAPÍTULO 10
DECISIÓN Y PERSISTENCIA 131
10.1 ¿Cómo toman decisiones
     las personas exitosas? 133
10.2 El miedo a fracasar 137

CAPÍTULO 11
EL MOMENTO ES AHORA 141
11.1 Empieza ya, ahora, no mañana ni el lunes. . . 143
11.2 Ten cuidado con el círculo del que te rodeas.144
11.3 No dejes de formarte. 146

PLANIFICA TU ÉXITO 149

CUÉNTAME, ¿QUÉ HAS APRENDIDO? 179

LA VOZ DE TU ALMA 183

OTROS LIBROS DE LA AUTORA 184

BIOGRAFÍA DE LA AUTORA 185

Agradecimientos

Nunca termines un día sin dar las gracias, agradece todo lo que te ocurra y habrás descubierto la llave de la felicidad.

Millones de gracias, querido lector, por estar en mi camino, tu éxito es mi éxito.

1

TU ÉXITO COMIENZA AQUÍ Y AHORA

Capítulo 1. Tu éxito comienza aquí y ahora

Tienes en tus manos el tercer libro de la serie «Conduce tu vida», un libro escrito para que dejes de fantasear y empieces a hacer realidad tus sueños.

Aquí y ahora comienza tu camino hacia el éxito, porque tengo claro que te mereces avanzar y tener la vida que deseas. Y para alcanzarla, lo más importante es dar el primer paso, así que te doy la enhorabuena por ponerte en marcha con este libro como brújula.

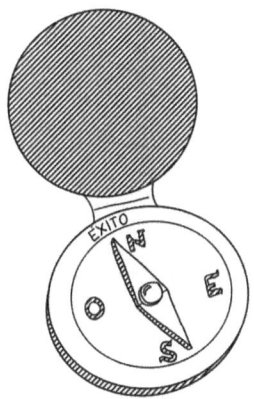

Éxito es una palabra con muchos significados y tener éxito en la vida puede ser algo diferente para cada persona. Pero todas las personas exitosas tienen unos patrones de conducta en común que son los que vamos a ver (y trabajar) en este libro.

Si tienes claro que quieres aumentar tus estándares y tener una vida de éxito en todas las áreas, y si estás listo para convertirte en una de esas personas exitosas, pero no sabes cómo hacerlo, este es el momento de ponerte en marcha y *Abraza tu éxito* el libro que puede ayudarte.

1.1 ¿De qué depende el éxito?

Déjame contarte algo: he estado muchos años invirtiendo en formación y en mentorías con personas de éxito y expertos que han obtenido grandes resultados en diferentes áreas, y he investigado a empresarios millonarios con el objetivo de averiguar por qué unos alcanzan el éxito, mientras que otros no salen del fracaso.

De las diferentes conclusiones a las que he llegado, hay una fundamental: de los diversos factores que intervienen para lograr tener éxito, **un 90 % están relacionados con la mentalidad y el 10 % restantes con tener una estrategia**.

Por tanto, ¿qué debemos hacer para conquistar el éxito? Adquirir y aprender de la mentalidad de quien ya tenga lo que queremos.

En este libro he unificado todos los hábitos, pensamientos y características de la manera de actuar que tienen o han tenido las personas más exitosas a lo largo de la historia. Mi objetivo es que, a medida que vayas leyendo este libro, seas capaz de ir implementando aquello que aún no tengas establecido en tu vida y consigas los resultados que buscas. Por ejemplo, vas a tener que observar y estudiar las habilidades de los que ya disfrutan de esos resultados que buscas y aplicarlos en tu propia conducta (es decir, imítalos o *modélalos*, como se dice en PNL). Y tranquilo, no vas a perder tu personalidad por ello, porque nadie es como tú, cada uno tiene su propia historia y su misión en esta vida, así que no te dejes confundir con los juegos que prepara la mente para evitar salir de la zona de confort.

Imagínate que tenemos dos personas: Bruno y José. Bruno tiene 60 años y duerme fenomenal, está saludable, bien de energía y va diariamente al gimnasio, a pesar de tener que levantarse cada día a las 5 de la mañana para que le dé tiempo a todo. Por otro lado, está José, su amigo y compañero de trabajo, que duerme mal, tiene la energía por los suelos, se encuentra cada día más entumecido y es incapaz de levantarse para hacer ejercicio. Obviamente, hay unos patrones de pensamiento detrás de la conducta de cada uno. Por esta razón, es fundamental estudiar los pensamientos, valores y deseos de esas personas que ya han conseguido lo que tú quieres. Esos pensamientos y unos buenos hábitos serán los que determinen el éxito.

No se trata de que pierdas el tiempo experimentando, sino de que imites o modeles a esa persona a quien te gustaría parecerte. En este libro descubrirás qué han hecho otros antes que tú para alcanzar el éxito y encontrarás las herramientas que puedes implementar en tu vida y que te acercarán a los resultados que deseas.

Sin embargo, antes de continuar recuerda que **la verdadera clave está en la intencionalidad**: si quieres algo, tendrás que sacar toda la artillería y poner todo de tu lado para conseguirlo.

Y, como siempre advierto, no te creas nada de lo que te digo: compruébalo por ti mismo. Instaura todos esos hábitos o pensamientos y empieza a analizar los resultados que te dan. Cuando me escribas diciéndome «Lo he conseguido» o «Lo comprobé y ha funcionado», sentiré que he alcanzado mi objetivo con este libro.

1.2 Aprovecha al máximo este libro

Si quieres sacarle el mayor partido a este libro, debes hacer lo siguiente:

- Tener el ferviente deseo de conseguir una vida de éxito y poner todo de tu parte para conseguirla.
- No leer por entretenimiento, sino de manera activa, para aprender. Eso implica que necesitarás leer un mismo párrafo varias veces para interiorizar el contenido, subrayar

o apuntar en una libreta las partes que para ti sean más importantes.

- Realizar todos los ejercicios que te propongo. Solo leyendo no será suficiente, tendrás que pasar a la acción y poner en práctica lo que vayas aprendiendo.

IBM llevó a cabo una investigación en la que dividía aleatoriamente a un grupo de personas en tres subgrupos y les enseñaba una misma cosa, pero haciendo uso de tres metodologías diferentes: a los integrantes del primer grupo les decían lo que tenían que hacer; a los del segundo les indicaban lo que tenían que hacer y se lo mostraban; a los del tercero les explicaban lo que tenían que hacer, se lo mostraban y después los alumnos debían hacerlo ellos mismos.

Los resultados fueron los siguientes: el primer grupo, que solo escuchó lo que les enseñaban, a las tres semanas recordaba el 70 % del contenido; el segundo grupo, que escuchó y vio, a las tres semanas recordaba el 72 %; el tercer grupo, que escuchó, vio y puso en práctica junto con el profesor lo que les enseñaban, a las tres semanas recordaba el 85 %.

En principio, según estos datos los tres grupos parecen estar bastante igualados, sin embargo, cuando les preguntaron qué recordaban a los 3 meses, los resultados fueron diferentes: el primer grupo recordaba el 10 %; el segundo grupo, el 32 % y el tercer grupo, el 65 %. Es alucinante la diferencia, ¿verdad?

La conclusión que podemos extraer de este estudio es que cualquier cosa que quieras aprender va a requerir algo más que escucharlo de alguien o, en este caso, leerlo. Un consejo que doy en todos mis libros (porque sé que funciona) es el de formar un grupo de trabajo para poner en práctica lo que vayas leyendo, comentar tus dudas y *nutrirte* con las aportaciones de los demás: es una estrategia fantástica para sacarle el máximo partido a estas enseñanzas. En mis redes sociales encontrarás a personas en tu misma situación con las que puedes formar este grupo.

Si quieres alcanzar otro nivel en tu vida, comprométete y haz todo lo que sea necesario para ello. La determinación no es algo con lo que se nazca, así que debes entrenarla y fortalecer ese tipo de actitud que te impulsa a lograr tu objetivo sin rendirte cuando surjan dificultades.

Si estás listo para hacerlo, te veo en el siguiente capítulo, donde empezaremos formulándonos una pregunta esencial para conseguir el éxito.

¿Y TÚ QUÉ DESEAS?

Capítulo 2. ¿Y tú qué deseas?

S olo hay una fuerza que es capaz de impulsarte a actuar para conseguir tu objetivo: el deseo.

El deseo de progresar es la llave más poderosa que tiene el ser humano para conseguir el éxito en su vida. Y todo empieza por hacerte una sencilla pero poderosa pregunta: ¿qué deseas tener en tu vida? Una vez que la hayas respondido, deberás enfocarte en ese deseo.

Seguro que conoces a muchas personas que están continuamente en un pozo lleno de problemas y no salen de él. ¿Sabes por qué? Porque ponen el foco en esas dificultades en vez de en las soluciones, por tanto, podríamos decir que realmente no desean tener éxito.

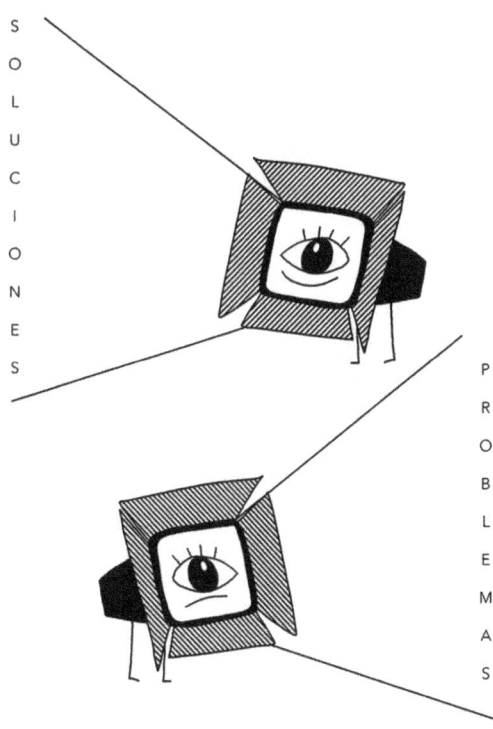

Lo que diferencia a las personas con éxito de las que no lo tienen **es su forma de pensar, su actitud y sus hábitos**.

En la vida, aquello en lo que te enfocas comienza a aparecer. Esto es algo demostrado científicamente, ya que tu cerebro refuerza aquellos pensamientos que te repites y filtra según los mismos. Esta es la razón, por ejemplo, de que las mujeres embarazadas vean tantas embarazadas.

Por tanto, está comprobado que tu cerebro tiene más facilidad para detectar aquello que te repites, así que, si quieres cambiar tus resultados, deberías empezar por cambiar tus pensamientos.

Según confirman diversos estudios, el 95 % de nuestros actos proviene del subconsciente, por lo que solo el 5 % de ellos proceden de la mente consciente. Lamentablemente, la mente subconsciente es un misterio para muchos, aunque sea la que controla el 95 % de nuestras acciones diarias.

> «Su mente subconsciente tiene las respuestas para todos los problemas».
> Josep Murphy

Tu subconsciente puede ser tu peor enemigo: si actúas, pero no cambias tu pensamiento, volverás a repetir esa situación, porque, si no atacas la raíz de tu creencia, verás llegar a ti el mismo resultado una y otra vez.

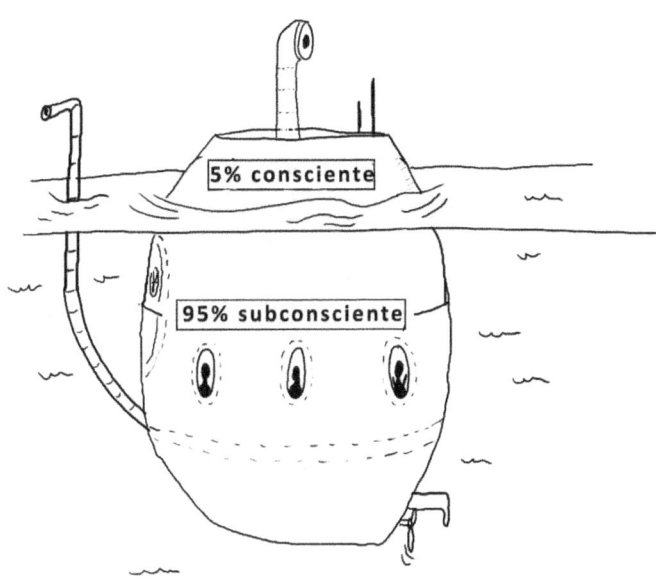

Nuestro objetivo debe ser reprogramar el subconsciente con el objetivo de que trabaje para nuestro consciente. No te digo que sea fácil, pero no es imposible. Para conseguirlo, necesitas ser disciplinado y constante en el largo plazo.

Tu subconsciente trabaja las veinticuatro horas del día y no lo puedes controlar al cien por cien, sin embargo, puedes llenarlo de emociones y pensamientos positivos en lugar de negativos. He aquí la importancia de elegir qué pensamiento —y por tanto, qué emoción— quieres dejar pasar.

Si quieres tener éxito, tienes que cambiar tus pensamientos y tener fe en ti y en que todo sucederá como deseas.

2.1 La importancia de encontrar tu misión

Aunque sé que estás deseando conocer todos los secretos de las personas con éxito —y eso es lo que vas a encontrar en este libro— para alcanzar sus mismos resultados, debes tener unos buenos cimientos antes de poner el tejado. Uno de esos cimientos —y el secreto número uno del éxito— es trabajar en lo que te apasiona, sentir amor por lo que haces, pues sin eso todo lo demás será complicado y acabarás por desmotivarte.

En todas las biografías que he leído (que han sido bastantes) y en todos los encuentros y formaciones impartidas por personas con éxito a los que he asistido, nunca he conocido a nadie que no disfrute de su profesión. Todos coinciden en la pasión que tienen por lo que hacen y en que el camino hacia el éxito no es fácil, pero tampoco imposible. Además, también afirman que no se verían haciendo otra cosa a pesar de las dificultades que hayan podido atravesar en determinados momentos.

En su teoría de la motivación del logro[1], el psicólogo de la Universidad de Harvard David McClelland destacó que las personas que obtienen éxito se diferencian del resto por su deseo de conseguir todo lo que se proponen. Según este psicólogo, son individuos que buscan situaciones que requieren responsabilidad personal y que se caracterizan por buscar soluciones, retos y actividades que conlleven cierta dificultad para crecer y mejorar, tanto en el área laboral como personal.

¿Tú estás trabajando para sobrevivir o haces lo que te apasiona? Déjame ser honesta contigo: ya que te pasas un tercio de tu vida (si no es más) trabajando, por favor, hazlo en lo que te apasiona[2]. Porque uno de los ingredientes para conseguir éxito es que disfrutes de lo que haces, y es que, aunque tú relaciones el éxito con poseer grandes cantidades de dinero, he de confesarte que el único modo de llegar a ser millonario es disfrutando de tu trabajo.

El propósito tiene que ver con eso que te apasiona, que te da vida, que te enciende la energía. Independientemente de cuál sea el tuyo, hay una realidad que se ve reflejada en todas las personas con éxito —entendiendo éxito en el más amplio sentido— y es que todas tienen un propósito, sienten pasión por lo que hacen y, aunque les llevó su tiempo y tuvieron que superar muchos desafíos para conseguirlo, estaban convencidas de que lo alcanzarían a pesar de las dificultades.

Considera que no tienes que tener un solo propósito, o quizás sí, lo importante es encontrar la unión, esa pieza clave del

---

1. David McClelland, *Estudio de la motivación humana*, Narcea, 1989.
2. Si no lo has hecho ya, te recomiendo que leas mi libro *Descubre tu pasión*, en el que hablo de la importancia de encontrar tu pasión, tu propósito o tu proyecto, como quieras llamarlo. Ese regalo que le ofreces al mundo, ese trabajo que harías incluso gratis. Para que te despiertes y saltes de la cama pensando en que vas a jugar y pierdas la noción del tiempo mientras trabajas.

puzle en la que se unen tu pasión con tus habilidades (lo que te gusta con lo que se te da bien) y, además, te pagan por ello y sirve para ayudar a los demás. Párate a pensar en qué es lo que cumple con esos cuatro requisitos antes de avanzar.

Y ten presente que tu propósito puede durar para siempre o no, porque la felicidad se consigue con el progreso. Lo que importa es ser soñador y hacedor, y tener ilusión por el futuro, por el camino, por avanzar y progresar.

Si quieres conseguir la vida que deseas, el camino empieza por descubrir tu pasión, tener ambición, determinación y pasar a la acción. El segundo libro de esta colección, *Descubre tu pasión*, lo he dedicado por entero a ayudarte a encontrarla, así que, si todavía no lo has leído, te animo a que lo hagas para descubrir qué es eso que te va a hacer saltar de la cama cada día a partir de ahora.

ÉXITO
Y FRACASO

Hay tantas definiciones de éxito como personas. Pregunta a tu alrededor qué es tener éxito y lo verás claro: hay quien te dirá que significa tener mucho dinero, para algunos será conseguir un ascenso en el trabajo y para otros ayudar a los demás o criar a unos hijos sanos y felices.

Ya lo ves, la definición de *éxito* —dejando a un lado la que encontramos en el diccionario— varía según cada persona, no existe una descripción única. A continuación te muestro unos ejemplos:

1. Éxito como resultado de una acción o un suceso: «Las negociaciones de paz han tenido finalmente éxito», «El éxito del acuerdo es de todos».

2. Éxito como resultado feliz: «Todas sus canciones han sido éxitos internacionales en la última década».

Para descubrir qué es el éxito para ti, es importante que te lo preguntes mirando hacia dentro y sintiendo qué es lo que realmente deseas. Para ello, empieza por responder a las siguientes preguntas:

- Si piensas en ti hace diez años, ¿recuerdas qué considerabas que era el éxito entonces?, ¿era lo mismo que ahora?

- Ve un poco más atrás: ¿qué significaba tener éxito cuando tenías 10 años?

- Ahora vayamos al futuro: ¿qué supondría haber alcanzado el éxito en los próximos cinco años?, ¿y si tuvieras 90 años?

Personalmente, me encanta la definición que dio el autor de *Los 7 hábitos de la gente altamente efectiva*[3]: «Si piensas seriamente en lo que quieres que digan de ti en tu funeral, encontrarás tu definición de éxito».

---

3. Stephen R. Covey, *Los 7 hábitos de la gente altamente efectiva*, Editorial Planeta, 2015.

3.1 ¿En qué áreas se puede tener éxito?

Probablemente, ves que hay muchas personas a tu alrededor que relacionan el éxito con ser rico, tener un coche último modelo o un buen trabajo que les permita ganar mucho dinero. La mayoría piensan que eso es el éxito y luchan por tenerlo o se quejan por no conseguirlo, pero ¿de verdad crees que eso es así?

Independientemente de que la definición de éxito sea distinta para ti y para mí, tener éxito es mucho más que tener dinero. Esta es la clave: si realmente quieres tener éxito, **debes alcanzarlo en todas las áreas de tu vida** —salud, familia, dinero, amor y amigos—, pues el éxito es la consecuencia de vivir la vida que tú quieres, con tus estándares y en todos los ámbitos. Ahora bien, ¿sabes qué ocurre? Que la gran mayoría de la población baja el éxito a la altura de las circunstancias, y eso significa reducirlo y vivir mediocremente.

Tener éxito es algo sumamente importante, no subestimes el valor de conquistarlo y tener una salud exitosa, un negocio con éxito o una relación de éxito con tu pareja, con tu familia, en tu trabajo o con tus amigos. ¿Qué hay de malo en ello? Nada. ¿Es posible conseguirlo? Sí. Para ello, lo que debes hacer es **invertir amor, esfuerzo, tiempo y dinero**. Esta ecuación no falla.

Si quieres llegar a los 90 años y constatar que has tenido la vida que querías, viviendo según tus términos, es tu obligación trabajar para conquistar el éxito en todas las áreas de tu vida.

En mi opinión, hay que aspirar a la excelencia, a obtener la máxima satisfacción en todas las áreas, y no entiendo a quienes el éxito parece no preocuparlos o se conforman con lo mínimo. Yo me niego a tener una existencia mediocre en la que, más que vivir, sobrevives.

Se dice que en cierta ocasión un discípulo de Sócrates le preguntó que cómo podía tener más conocimientos. Sócrates le pidió que lo acompañara y se fueron caminando hasta llegar al mar. Una vez que se adentraron en él, Sócrates sumergió a su discípulo en el agua y este empezó a manotear y a luchar por salir porque se ahogaba. Después de unos segundos, una vez fuera del mar, Sócrates le preguntó: «Cuando estabas en el agua, ¿qué era lo que más deseabas?». El discípulo le respondió: «Quería respirar, quería aire». Sócrates le dijo: «Para tener el conocimiento que anhelas, debes desearlo tanto como deseabas el aire debajo del agua».

La mediocridad es un camino muy transitado que hay que abandonar, pero solo cuando desees tener éxito en tu vida tanto como respirar lo conseguirás. Si continúas empeñado en considerar el éxito como un fruto del azar, no auguro buenos resultados en tu vida. Para triunfar, debes comenzar por **ponerte en acción y hacerte responsable de todo lo que te ocurre**, pues donde estás es producto de tus decisiones de ayer, y donde llegarás será la consecuencia de tus decisiones de hoy. Cuando cambies el chip en tu mente y veas que la prioridad número uno de tu vida debe ser conseguir la vida que quieres y vivirla en los términos que desees, descubrirás el resultado.

Lo más importante es que dejes de justificar la ausencia de éxito como algo que está bien o que tampoco es tan malo. Porque, si no añades necesidad de urgencia a tu objetivo, no lo vas a conseguir, pues siempre encontrarás otras prioridades. Te digo esto porque me encuentro con muchas personas que no están viviendo la vida que quieren, que se resignan a sus circunstancias. Personas cuya relación con su familia no es buena, a quienes el trabajo no les satisface, que apenas hacen planes con sus hijos y cuya relación de pareja se parece a la que tendrían con un compañero de piso. Y piensan que sin hacer nada esas áreas mejorarán.

Piensa que la satisfacción en tu vida debe ser una obligación contigo mismo: es tu responsabilidad, no un bien escaso y a disposición de unos pocos. Además, cuanto más éxito tengas en tu vida, más estarás beneficiando a los que te rodean. No creo que nadie de tu alrededor saque provecho alguno de tu vida mediocre.

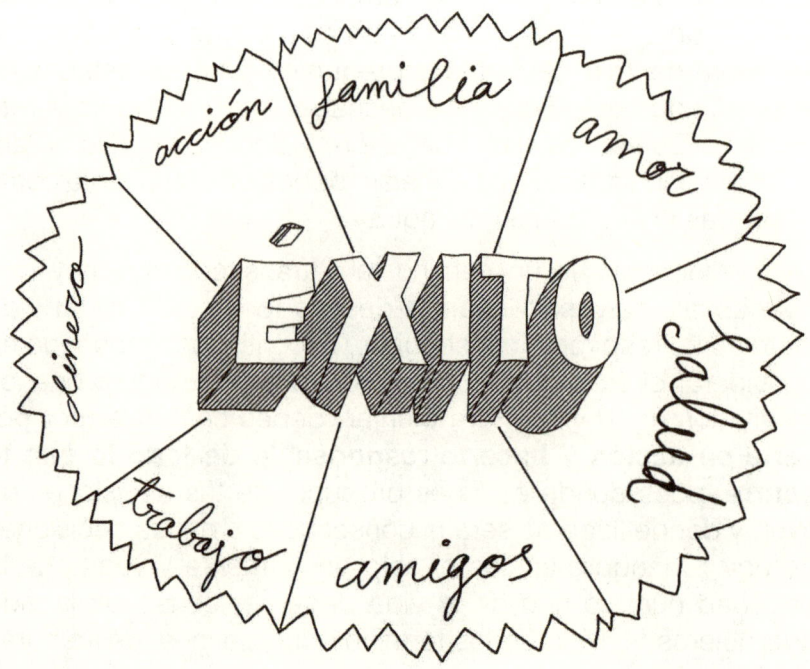

Es tu turno

Antes de seguir avanzando en la lectura, responde a las siguientes preguntas:

¿Qué es el éxito para ti?

- _____
- _____
- _____
- _____
- _____

¿En qué áreas necesitas alcanzar el éxito?

- _____
- _____
- _____
- _____
- _____

Haz un listado de éxitos que hayas obtenido a lo largo de tu vida:

1 _____	11 _____
2 _____	12 _____
3 _____	13 _____
4 _____	14 _____
5 _____	15 _____
6 _____	16 _____
7 _____	17 _____
8 _____	18 _____
9 _____	19 _____
10 _____	20 _____

3.2 El éxito según las grandes fortunas

¿Te has preguntado alguna vez cómo definen el éxito algunas de las más grandes fortunas? Esto es lo que algunos de los multimillonarios más famosos han opinado sobre el éxito:

Richard Branson, fundador de Virgin, con más de 360 empresas que forman Virgin Group: «Muchas personas miden su éxito por cuánto dinero ganan o las personas con las que se relacionan. En mi opinión, el verdadero triunfo se mide en lo feliz que eres».

Mark Cuban, multimillonario, inversor y dueño del equipo Mavericks de Dallas de la NBA: «Para mí, la definición de éxito es despertarse por la mañana con una sonrisa, sabiendo que va a ser un gran día». En una entrevista aseguró que también se sentía feliz cuando era pobre, dormía en el suelo y vivía con seis hombres en un apartamento de tres habitaciones. Cuando le preguntaron qué haría si perdiese todo lo que tiene, su respuesta fue la siguiente: «Conseguiría un trabajo como barman por la noche y un trabajo de ventas durante el día, y comenzaría a trabajar». El entrevistador le preguntó: «¿Podría volver a ser multimillonario?», a lo que Cuban respondió: «No tengo dudas».

Warren Buffet, inversor y empresario: «Mido el éxito según la cantidad de gente que me ama». Ocupa la tercera posición en la lista de hombres más ricos del mundo elaborada por la revista *Forbes*. La frase que aparece citada la compartió en una reunión de accionistas.

Bill Gates, la persona más rica del mundo: «Buffet siempre ha dicho que la medida del éxito está en si las personas cercanas a ti son felices y te aman. También es agradable sentir que has logrado marcar la diferencia: inventar algo, criar niños o ayudar a personas necesitadas».

Michelle Obama, durante la Convención Nacional Demócrata de 2012: «Para Barack, el éxito no tiene que ver con cuánto dinero gana. Tiene que ver con la diferencia que marca en la vida de las personas».

John Wooden, entrenador de baloncesto estadounidense, considerado el mejor entrenador de la historia: «El éxito es la paz interior que resulta directamente de la autosatisfacción de saber que has hecho todo lo posible para ser tan bueno como eres capaz».

PIRÁMIDE DEL ÉXITO

Explicación de la imagen:

John Wood defendía que no debemos esperar a que lleguen las cosas, sino que tenemos que ir a por ellas. También daba mucha importancia a la preparación física y al autocontrol, a establecer metas y trabajar para alcanzarlas, y alertaba del peligro del exceso de confianza. Además, creó la conocida pirámide del éxito, en cuya base tenemos:

Trabajo — Amistad — Lealtad — Cooperación — Entusiasmo.

Este nivel nos indica que hay que trabajar duro, mantener el entusiasmo por lo que hacemos, crear lazos de amistad y fomentar la unión de grupo. También hay que ser leales y respetar al rival.

En el siguiente escalón de la pirámide vemos los siguientes elementos:

Autocontrol — Mantenerse alerta — Iniciativa — Propósito.

Por encima de este nivel, Wood señalaba que el carácter y la confianza en uno mismo son importantísimos, ya que tú debes ser la persona que más crea en ti mismo. Además, daba mucho valor a la competitividad, pues afirmaba que solo sabiendo competir se puede ganar.

Seguir el ejemplo e inspirarte en estas personas que han conseguido niveles tan altos de éxito te ayudará a crear tu propia definición del mismo y a trabajar duro para conseguirlo.

3.3 El fracaso

Pregúntate algo: si no logras alcanzar la vida que quieres, ¿no será que te has rendido?

Probablemente hayas vivido algún momento en el que las cosas se han puesto difíciles o has tenido a todo el mundo en tu contra u opinando sobre lo que debes hacer. Puede que entonces te hayas planteado si lo que haces es una pérdida de tiempo o te hayas sentido aún más confundido. En estos casos, lo más importante es que no pierdas de vista que los fallos son los que te indican que estás más cerca de donde quieres llegar. Toma el fracaso como una preparación, entiéndelo como una parte del proceso, pero no te rindas.

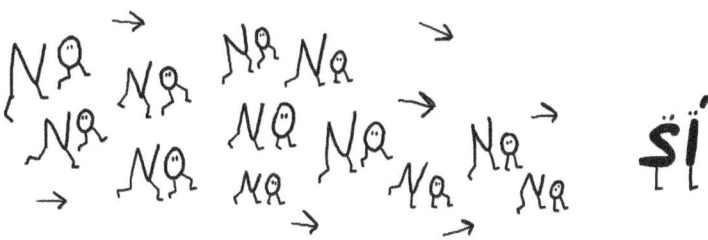

Si recibes un no, míralo como una negativa menos para llegar al sí. Y recuerda que la manera de responder a un no solo depende de ti, de nadie más. Cuanto más capaz seas de conseguir que no te afecte, más cerca estarás del triunfo del sí.

Son muchas las personas de éxito que coinciden en que si hubiesen abandonado cuando llegaron los obstáculos a su vida (aunque el pensamiento de abandonar pasó por sus mentes), hoy no estarían donde están. Todas ellas saben que una de las causas más comunes del fracaso es **rendirse antes de tiempo**, en esos momentos en que la frustración se apodera de ti.

A continuación te presento una historia que aparece en el libro de Napoleon Hill, *Piense y hágase rico*[4]:

Un señor fue presa de la fiebre del oro en los días en que esta era endémica, y decidió marcharse al lejano Oeste para hacerse rico. Obtuvo una licencia y se fue a trabajar con el pico y la pala.

Después de varios meses de trabajo, obtuvo la recompensa de descubrir una veta de mineral brillante, pero necesitaba maquinaria para extraer el mineral, así que cubrió la mina, volvió a su hogar y les habló a su familia y a algunos vecinos del descubrimiento.

Todos sus allegados reunieron el dinero necesario para comprar la maquinaria, y la enviaron a la mina. Una vez que extrajeron el primer carro del mineral y lo enviaron a un fundidor, descubrieron que poseían una de las minas más ricas de Colorado.

---
4. Napoleon Hill, *Piense y hágase rico*, Ediciones Obelisco, 2012.

Con unos pocos carros más de mineral saldarían todas las deudas y entonces empezarían a ganar dinero a lo grande, así que continuaron trabajando, pero sucedió algo: la veta del mineral brillante desapareció.

Perforaron y perforaron en un desesperado intento para volver a encontrar la veta, pero sin resultado. Finalmente, decidieron abandonar. Vendieron la maquinaria a un chatarrero por unos pocos dólares y tomaron el tren de vuelta a casa.

El chatarrero llamó a un ingeniero de minas para que revisara la mina e hiciera una prospección. El ingeniero le informó de que el proyecto había fracasado porque los dueños no estaban familiarizados con las vetas falsas. Sus cálculos indicaban que la veta reaparecería a tan solo un metro de donde habían dejado de perforar.

Y allí fue precisamente donde la encontraron. El chatarrero extrajo millones de dólares en mineral de aquella mina porque supo buscar el asesoramiento de un experto antes de darse por vencido.

¿Cuál fue la ventaja del chatarrero? Pedir consejo antes de darse por vencido, de ahí la importancia de tener un mentor en el camino (hablaremos de ello en el capítulo 11). Con esta historia intento transmitirte algo sumamente importante: no te dejes llevar por la tentación de abandonar tu camino hacia el éxito cuando estés a punto de obtenerlo; aunque las cosas se pongan difíciles, persevera, continúa y piensa en ese metro que separó a este pobre hombre del éxito.

HAZTE RESPONSABLE DE TUS SUEÑOS

Capítulo 4. Hazte responsable de tus sueños

La fuerza para conseguir tu vida deseada no viene del exterior, sino del interior. Porque cuando pienses en ese sueño que te empodera, en esa meta que solo con imaginarla te da una energía ilimitada, será ese anhelo interno el que te ayudará a conseguir y traspasar todos los obstáculos que surjan en el camino.

Piensa con todo lujo de detalles en tu sueño, ¿cómo te sentirías si te teletransportases dentro de tres años y vieras que tu sueño se ha hecho realidad?

Soñar es gratis, pero para hacer realidad tus sueños tienes que estar dispuesto a pagar un precio. Las cosas no pasan por casualidad: no se puede tener éxito sin hacer nada para ello y dejándolo en manos del azar, sin realizar ningún esfuerzo y sin invertir tiempo y dedicación.

Si ya has leído *Conduce tu vida*, el primer libro de mi serie, recordarás lo que te conté sobre el sentimiento de culpabilidad y de la importancia de hacerte responsable de tu propia vida, algo fundamental en lo que coinciden todas las personas de éxito a lo largo de la historia. Ante cualquier cosa que te suceda, analiza qué hubieras podido hacer mejor, **asume tu responsabilidad**.

Hacernos responsables nos empodera, ya que no buscamos culpar a nadie fuera, sino aprender de esa situación, descubrir cómo podemos sacar algo positivo y aprender de ello para que no vuelva a suceder.

Las preguntas que debemos hacernos son: ¿por qué estoy teniendo estos resultados en mi vida?, ¿qué he hecho mal?, ¿cómo puedo solucionarlo (si se puede) o cómo puedo evitarlo o mejorarlo para que no vuelva a ocurrir?

Echar la culpa a los demás es muy fácil cuando no quieres asumir la responsabilidad de algo que pasa en tu vida. Sin embargo, todo el tiempo que empleemos en culpabilizar a los otros es tiempo perdido. Culpando al otro, por mucha culpa que realmente tenga, lo único que consigues son razones externas con las que intentar mitigar tu frustración. Sin embargo, eso no hará que la situación que te está haciendo infeliz cambie.

Nunca podrás ser feliz si sigues pensando que tú no tienes ningún control sobre lo que ocurre en tu vida. En general, la gente valora la culpa y a muchos les encanta mantenerse, de manera inconsciente, en ese rol de víctima. Sin embargo, para conseguir todo lo que quieres deberás abandonar esas ideas de «Todo me pasa a mí», «Todo está en mi contra», «Nada me sale bien», «No tengo suerte», «Eso fue culpa de otro», etc. Creo que reconoces perfectamente el perfil del que te estoy hablando, así que asume el control de tu vida con toda la responsabilidad que ello conlleva. Para ello, ten presente que todo es producto de lo que decides y de lo que haces —incluso también de lo que no haces—.

Recuerdo que hace unos años realicé un curso *online* con uno de mis mentores. Para asistir a sus clases me tenía que conectar un determinado día a la hora fijada porque no se grababa la clase, así que, si te la perdías, no tenías la opción de verla en otro momento. El primer día, antes de empezar, mi mentor le dijo al grupo: «Chicos, no me vengáis luego con que internet no funcionaba, que de repente la velocidad del ADSL iba lenta y perdíais la imagen... Es vuestra responsabilidad tener un plan B por si se va internet de repente o hay un apagón en el edificio. Dejad de ser víctimas de lo que ocurre, reducid al mínimo todos los posibles inconvenientes que puedan surgir si tan interesados estáis en lo que os voy a enseñar en estas clases». Este mensaje fue muy clarificador, y me acuerdo de que antes de empezar cada sesión reseteaba el router, tenía el ordenador con la batería completamente cargada por si se iba la luz, la tablet preparada, encendida y cargada, y el internet del móvil activado por si fallaba el wifi. Y, oye, nunca tuve ningún imprevisto, pero aquel comentario me ayudó a planificar los «por si acaso».

4.1 Revisa tu sistema de creencias

El éxito está directamente relacionado con tu capacidad de hacerte responsable y actuar dejando la culpa y el victimismo totalmente apartados de tu vida. La manera en la que reaccionas será la que te lleve al éxito o no. Seguro que conoces a personas que son adictas a la queja, es su filosofía de vida, incluso algunas esconden en sus lamentos una llamada de atención para sentirse observadas o queridas por otros.

Sin embargo, **el éxito es incompatible con la queja, el victimismo y las excusas**, pues ninguno de estos tres elementos va a mejorar tu situación, sino al contrario.

¿Y cuál es el origen de este problema? Es nuestra mente. Nuestro cerebro está programado para protegernos, para permitirnos sobrevivir desde los orígenes de la humanidad. Por tanto, tu mente hará todo lo posible para mantenerte en tu zona de confort: este es el gran problema. Tu mente no quiere que crezcas, quiere protegerte; sin embargo, tu alma, tu corazón, quiere desarrollarse y tener éxito. De ahí **la batalla entre tu mente y tu corazón** que tanta frustración provoca, hasta que logras vencer a la mente y pasar a la acción.

El confort es el enemigo del éxito. No es posible tener éxito desde tu zona de confort, ya que el éxito implica arriesgar, hacer cosas que no has hecho antes, salir del camino fácil y empezar uno nuevo y desconocido.

Si tus creencias aún te siguen afectando a ese nivel, debes revisarlas. Si todavía piensas que el mundo está en tu contra, que nunca te pasa nada bueno y que todo te sale mal, te recomiendo que leas *Conduce tu vida* y establezcas unas buenas bases, ya que, si no trabajas tu sistema de creencias, será imposible que continúes en el camino correcto, pues esas ideas te sabotearán para que no salgas de tu zona de confort.

Déjame explicarte cómo funciona de manera breve: una creencia es el sentimiento de estar convencido de algo, es pensar que algo es verdadero. Las creencias también son afirmaciones que nos decimos a nosotros mismos, o a los demás, dando por hecho que son verdades absolutas.

No elegimos conscientemente nuestras creencias, sino que estas se basan en la interpretación que hicimos de determinadas experiencias en nuestro pasado. Y esas interpretaciones o creencias son las que dirigen tu vida, te impulsan a actuar de una u otra forma sin que en el fondo sepas por qué, y condicionan tu presente y tu futuro.

Así pues, nuestros pensamientos son la llave maestra de todo, y con ellos creamos nuestra realidad. Por ello, para cambiar tu realidad debes cambiar tus creencias y pensamientos, pues son los que están configurando tu vida.

El proceso es el siguiente:
1. Tus creencias te llevan a tener determinados pensamientos sobre algo en cuestión.

2. Esos pensamientos te hacen sentir determinadas emociones.
3. Esas emociones provocan que realices ciertas acciones.
4. Esas acciones dan lugar a los resultados que estás teniendo.

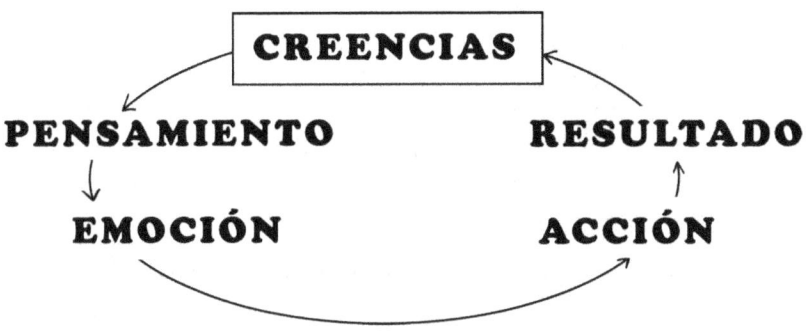

Una vez que te hagas consciente de tu sistema de creencias, descubrirás por qué actúas de una manera u otra. Con esto no te estoy diciendo que todo vaya a ir rodado, pero el conocimiento es poder y no hay nada mejor que ser consciente de tu programa de creencias para poder trabajar en ellas y cambiarlas a tu favor.

4.2 El precio de tus sueños

Recuerdo que en el colegio tenía una compañera que hacía natación sincronizada y eso la obligaba a entrenar todos los días. Actualmente, cada vez que veo al equipo español de natación sincronizada y todas las medallas que han ganado, pienso en aquella compañera y en el gran esfuerzo que hay detrás de esos logros.

El trabajo duro siempre precede al éxito. Muchas personas creen que es producto de la suerte y no tienen en cuenta todo el esfuerzo que hay detrás de él. Por ello, muchas veces lo que ocurre no es que no consigas alcanzar tus sueños, sino que no estás dispuesto a aceptar y llevar a cabo todo el trabajo que conlleva hacerlo.

Desear no es suficiente, tienes que estar dispuesto a invertir en ti, en tu crecimiento, en formarte y en aprender de los mejores. Porque la vida no valora tus buenas intenciones, sino el empeño que pongas en conseguirlas. Por ejemplo, hay muchas personas que quieren ganar más dinero, pero no están dispuestas a trabajar lo que sea necesario para conseguirlo; o bien quieren una relación de pareja, pero sin tener que renunciar a nada; o les gustaría adelgazar, pero no quieren privarse de determinadas comidas.

Es importantísimo **ser coherentes con nuestros objetivos**: observa lo que deseas y mide el esfuerzo que hay detrás; una vez que lo hayas calculado, multiplícalo por tres, porque siempre surgirán cosas con las que no contabas —y ya sabes que las expectativas son la madre de las desilusiones—. Empieza a ilusionarte con pagar un alto precio por tus sueños, porque ese es el camino que te acercará de manera sustancial a ellos.

A día de hoy me siguen sorprendiendo esas personas que piensan que hay un atajo para todo y que van a tener una vida exitosa aplicando la ley del mínimo esfuerzo, o mejor dicho, queriendo que otra persona lo haga por ellas. Si quieres tener éxito en tu relación, deberás empezar por ser la persona que desearías tener al lado, o si te gustaría tener éxito en tu propia empresa, tendrás que ser tú el primero que creas en tu proyecto y emprendas.

> «Si tú no trabajas por tus sueños, alguien te contratará para que trabajes por los suyos».
> Steve Jobs

Recuerda que salir del camino de la gran mayoría no es fácil y que, además, puede que tu círculo más cercano sea el primero que quiera mantenerte en tu zona de confort y te haga dudar —lo que se sumará a tus propias dudas—. Sin embargo, será en esos momentos de duda cuando la vida compruebe si de verdad estás comprometido con tu sueño o prefieres conformarte con la vida que tienes por miedo, por falta de dinero, temor a fracasar, etc.

Tienes todo el derecho a luchar por tus sueños o a quedarte donde estás, ahora bien, sé consciente de lo que quieres y decide de acuerdo con ello, porque es tu vida y nadie debe dirigirla ni vivirla por ti.

«La disciplina es el puente entre las metas y el éxito. Todos tenemos que sufrir uno de estos dos dolores: el dolor de la disciplina o el dolor del pesar. La diferencia está en que la disciplina pesa unas cuantas onzas y el pesar, toneladas».

Jim Rohn

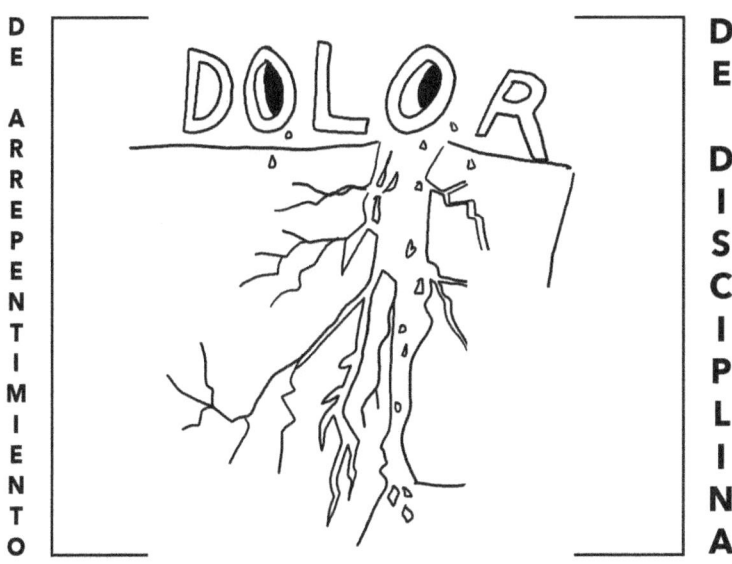

¿Y tú qué dolor eliges? Si estás aquí leyendo, ya sé cuál es y te doy la enhorabuena. Confía en ti, aunque nadie más lo haga, y paga el precio del esfuerzo, porque merece la pena luchar por vivir la vida que quieres. Y recuerda que, si otros lo han conseguido, tú también puedes.

Ya sabes que no vas a llegar a un nivel más alto si sigues haciendo lo mismo, así que prepárate para pensar y realizar acciones diferentes a las que has venido haciendo hasta ahora. Y no pares nunca, porque la persona exitosa sabe que la clave está en seguir creciendo y esforzándose, pues siempre tiene que haber nuevos logros que alcanzar. No te olvides de que lo que no está creciendo, está muriendo.

Sea cual sea el deseo que anhelas conseguir, comprométete ahora mismo con alcanzarlo y actúa. Por ello, te pido que firmes el acuerdo que aparece a continuación y te comprometas contigo y con tus sueños.

"
ACUERDO DE
COMPROMISO
CON MI SUEÑO

"Me comprometo a luchar por
mis sueños, a conseguir mis metas
y a nunca rendirme en el camino"

★ Mi sueño:

Fecha límite

HORA   DÍA   MES

AÑO

Mi firma   Firma Diana

Comprometerse es esencial, porque para lograr tu sueño debes ser consciente de que vas a necesitar esforzarte mucho y perseverar en ello. Por este motivo no es suficiente la motivación, ya que esta dura un tiempo, pero después desaparece; sin embargo, si ese sueño te inspira desde dentro y tienes un gran porqué, se desatará tu fuerza interior para conseguirlo. Si no estableces un compromiso, encontrarás el modo de justificar que abandonas ante cualquier obstáculo.

No te olvides de que conseguir el éxito que anhelas tiene un precio alto, pero este será siempre inferior a lo que te costará llegar al final de tu vida y darte cuenta de que no has vivido como deseabas.

Recuerda que lo que deseas está fuera de tu zona de confort, así que, si quieres conseguir el éxito en tu vida, nada puede detenerte. Acostúmbrate a ponerte incómodo a menudo; es fundamental que crees el hábito de actuar, a pesar del miedo y de los obstáculos.

Y una vez que te hayas comprometido con tu objetivo, traza un plan, ponlo por escrito y pasa a la acción sin importar los obstáculos con los que te encuentres por el camino. Recuerda las palabras de Henry Ford: «Los obstáculos son esas cosas espantosas que ves cuando apartas los ojos de tu meta».

PONTE METAS Y ACTÚA

Establecerse metas es, definitivamente, el único camino para que se puedan cumplir. Si ni siquiera sabes lo que quieres, ¿cómo crees que vas a conseguirlo? ¿Cómo movernos si no sabemos ni a dónde vamos o cómo conseguir éxito en algo si ni siquiera sabemos que lo queremos?

Además de establecerte metas, debes ponerlas por escrito. Déjame resumirte brevemente la importancia que tiene llevar a cabo esta acción:

Como te contaba en *Descubre tu pasión*, en el año 1953 unos investigadores de la Universidad de Harvard llevaron a cabo un estudio con un grupo de estudiantes. A dichos estudiantes les preguntaron cuántos tenían sus objetivos por escrito y si tenían un plan de acción para conseguirlos. Un 21 % de los alumnos encuestados reconocieron haber escrito sus objetivos, pero solamente un 3 % del global tenía por escrito, además de los objetivos, un plan de acción con los pasos detallados para conseguirlos. Transcurridos veinte años desde 1973, se comprobó el progreso y los resultados que encontraron fueron que tan solo el 3 % de alumnos, los que tenían sus objetivos por escrito y un plan de acción desarrollado, tenían más riqueza acumulada que el 97 % restante de sus compañeros.

Este estudio es una clara muestra de la importancia de escribir tus objetivos y las acciones necesarias para conseguirlos. Así que empieza con los objetivos que quieres alcanzar, y ya sabes: objetivos limitados = vida limitada.

Todos los triunfadores están intensamente orientados hacia una meta. Saben lo que quieren y se concentran en alcanzarlo día tras día.

Uno de mis mentores, Bryan Tracy, explica en su libro *Metas*[5] un sistema de siete pasos para establecerse objetivos:

---
5. Bryan Tracy, *Metas: estrategias prácticas para determinar y conquistar sus objetivos*, Empresa Activa, 2004.

1. Decide exactamente lo que quieres.

Especifica con detalle todo lo que quieres conseguir.

2. Escríbelo.

Lo que escribas se convertirá en un objetivo y no permanecerá como una fantasía.

3. Establece una fecha límite para lograrlo.

El hecho de ponerte fechas límites crea sentido de urgencia y es una manera de ayudarte a no perder el foco, que es el gran problema de la mayoría de las personas. Si profundizamos un poco más, veríamos que tu cerebro, incluso a nivel subconsciente, funciona mejor si cuenta con esos plazos y se esfuerza más por alcanzar las metas propuestas.

4. Haz una lista de todo lo que puedes hacer para lograr tu meta.

Establece objetivos a largo plazo, pero fija metas más pequeñas por el camino. En este paso, tienes que escribir todas las acciones que deberás realizar para llegar al objetivo que deseas. De esta forma, enfocarás tu mente en acciones específicas que te acercarán al objetivo final.

5. Organiza tu lista por secuencias y prioridades.

No todo tiene la misma importancia, por tanto, establece prioridades entre las tareas que has de realizar para ejecutar tu plan.

6. Ponte en acción.

Por mucho que escribas el listado de acciones que has de llevar a cabo y establezcas un orden de prioridad entre ellas, si no activas el botón de la acción, no habrá manera de lograr resultados.

7. Haz algo todos los días para acercarte a tu meta más importante.

Sí, todos los días: 365 días al año, nada de lunes a viernes. Por ejemplo, puedes ver un vídeo sobre un tema relacionado con tu objetivo.

Si aún no tienes claras tus metas, realiza este ejercicio, este es el momento perfecto para hacerlo. Al final del libro te pondré un plan a 90 días para que vayas haciendo un seguimiento de tus metas y adaptando tu mentalidad a la acción.

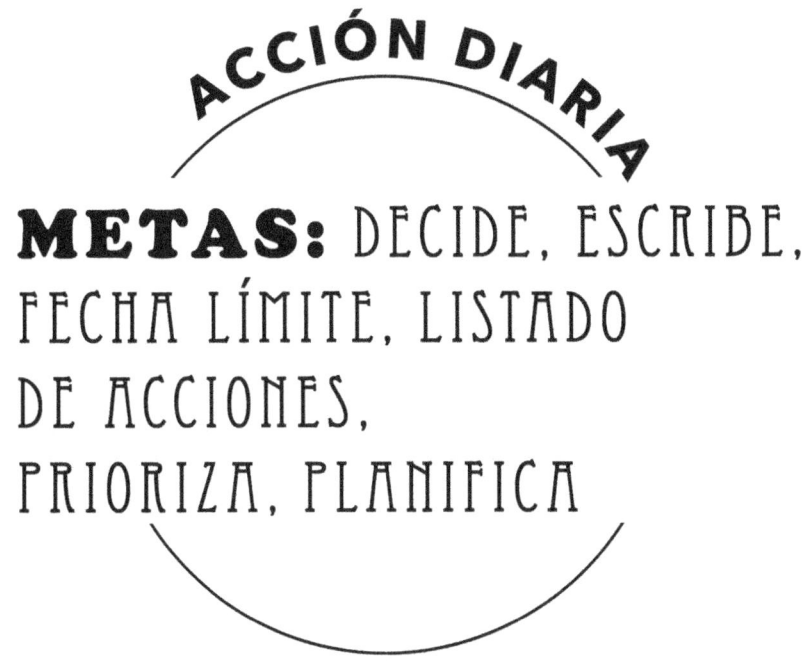

5.1 La gestión del tiempo

Todas las personas que consiguen sus sueños han tenido que aprender a gestionar el tiempo: si quieres tener éxito, esta habilidad es imprescindible.

El tiempo es el bien más preciado y escaso que tienes. Además, aprender a gestionarlo bien es la mejor manera de controlar el estrés. Piensa que la percepción del tiempo es subjetiva y que hay un cúmulo de creencias detrás. Por ejemplo, puede que esperar diez minutos para ti no signifique nada, mientras que para otra persona sea desesperante.

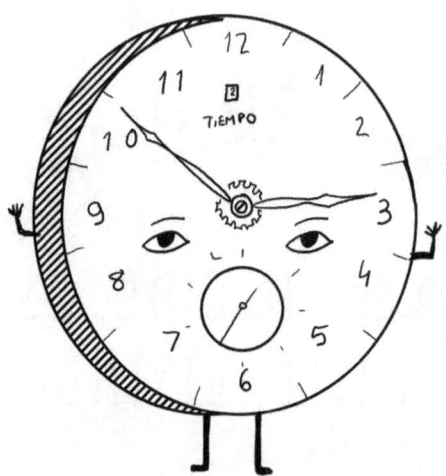

Es tu turno

Responde a las preguntas que te planteo a continuación y analiza tus respuestas:

¿Cuánto tiempo malgastas al día en actividades que no te procuran ningún beneficio ni te acercan a tus metas? Haz una lista:

_____
_____
_____
_____
_____

¿Qué dos actividades de tu vida diaria podrías eliminar?

¿Cuánto tiempo les dedicas al día?

Comprométete en emplear ese tiempo a partir de ahora en leer y adquirir conocimientos que te acerquen a la vida que quieres tener.

> «No basta con estar ocupado... La pregunta es:
> ¿en qué nos ocupamos?».
> Henry David Thoreau

Estar ocupado no vale para nada, **lo que importa son los resultados**. Si lo que te mantiene ocupado no te acerca a tu objetivo, elimínalo de tu vida.

En un estudio realizado por la Universidad de Columbia Británica, en Vancouver (Canadá), se llegó a la conclusión de que las personas que valoran más su tiempo que el dinero son más felices. La directora del estudio, Ashley Whillans, lo explicaba así: «Conforme envejecemos, preferimos invertir nuestro tiempo en actividades más significativas que la simple ganancia de dinero». De los 4600 adultos que participaron en el estudio, la mitad respondió en las encuestas que prefería tener dinero antes que tiempo, sin embargo, la conclusión a la que se llegó es que los que valoraban y preferían el tiempo se sentían más felices que aquellos que elegían el dinero. Sus respuestas no tenían nada que ver con el estado de sus cuentas bancarias en el momento de realizar el estudio, pero la edad sí que influía en sus respuestas: los más jóvenes escogían dinero frente a tiempo. «Si la gente quiere centrarse más en el tiempo y menos en el dinero, debería realizar algunas acciones que les ayudaran a cambiar su perspectiva, como, por ejemplo, trabajar menos horas o pagar por aquellas actividades que les resulten poco placenteras, como la limpieza del hogar. Y si bien estas acciones se encuentran únicamente al alcance de las personas con recursos económicos suficientes, hay que tener en cuenta que cada pequeño cambio puede suponer una gran diferencia», explicaba Whillans.

Puede que los jóvenes eligieran dinero frente a tiempo porque creen que tienen todo el tiempo del mundo, pero déjame recordarte algo: no sabemos el tiempo que nos queda. Y ese tiempo y lo que haces con él es lo más preciado, así que piensa bien a qué lo vas a dedicar a partir de ahora.

5.2 Lo urgente y lo importante

Estar enfocado marcará la diferencia para conseguir lo que deseas, pero es esencial que te planifiques bien y actúes cada día para acercarte a tu objetivo.

Prepara tu ruta **creando una lista de tareas diarias**. Si las cumples, verás que con el paso del tiempo, al mirar atrás, habrás llegado adonde querías o estarás mucho más cerca.

Seguro que alguna vez has escuchado a alguien decir que siempre está muy ocupado, que tiene cientos de tareas por hacer... Eso tiene muy poco que ver con la productividad: el éxito no se consigue por el simple hecho de estar ocupado, sino que la clave es seleccionar y diferenciar entre lo *urgente* y lo *importante*.

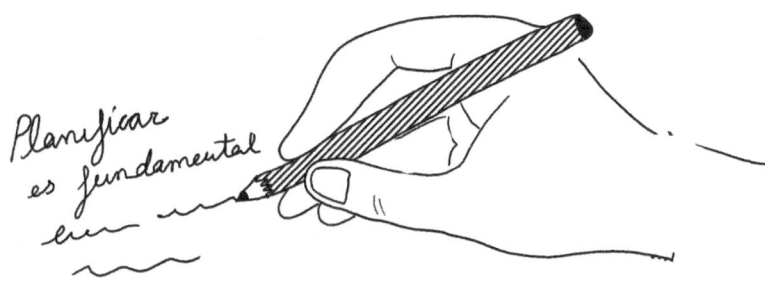

¿Qué hacer primero: lo urgente o lo importante? Las tareas urgentes requieren de tu atención de manera inmediata y normalmente son reacciones ante hechos, como responder un mensaje, contestar una llamada... Las tareas importantes necesitan más esfuerzo y afectan directamente a tus metas.

Es fundamental una buena planificación porque, si no, corres el peligro de que todo sea urgente e importante. Y entonces puedes cometer el error de aplazar tareas que no son urgentes, pero sí importantes, porque no te resultan agradables o porque son complicadas de realizar; el resultado de ello será un colapso de tareas y que aquellas que no eran urgentes lo acaben siendo porque se agote el tiempo límite establecido.

En su libro *The time trap*[6], el experto en administración del tiempo Alec Mackenzie distingue cuatro tipos de tareas:

1. Urgentes e importantes: son las que proporcionan un beneficio para alcanzar tus metas u objetivos y tienen

---

6. Alec Mackenzie y Pat Nickerson, *The time trap*, AMACOM, 2009.

un plazo limitado para realizarlas, por tanto, son las que deben tener prioridad.

2. No urgentes e importantes: son tareas que debes realizar porque te proporcionan un gran valor. Aunque no tienen un plazo límite, tampoco las puedes posponer de manera indefinida, ya que se volverían urgentes.

3. Urgentes y no importantes: son los conocidos imprevistos, esas tareas que surgen de repente. Por ejemplo: una reunión de urgencia, etc.

4. No urgentes y no importantes: se pueden aplazar o no realizar porque no tienen ninguna consecuencia en tus objetivos.

Las personas con éxito son maestras de lo realmente importante, lo esencial, lo que importa. Hacen primero lo que la mayoría pospone y tienen un sentido muy desarrollado para detectar lo que es prioritario y aquello que les proporciona los resultados que les acercarán a sus objetivos. Por todo ello, se preocupan por la **gestión del tiempo, planifican y delegan**, y siempre realizan sus tareas por estricto orden de prioridad.

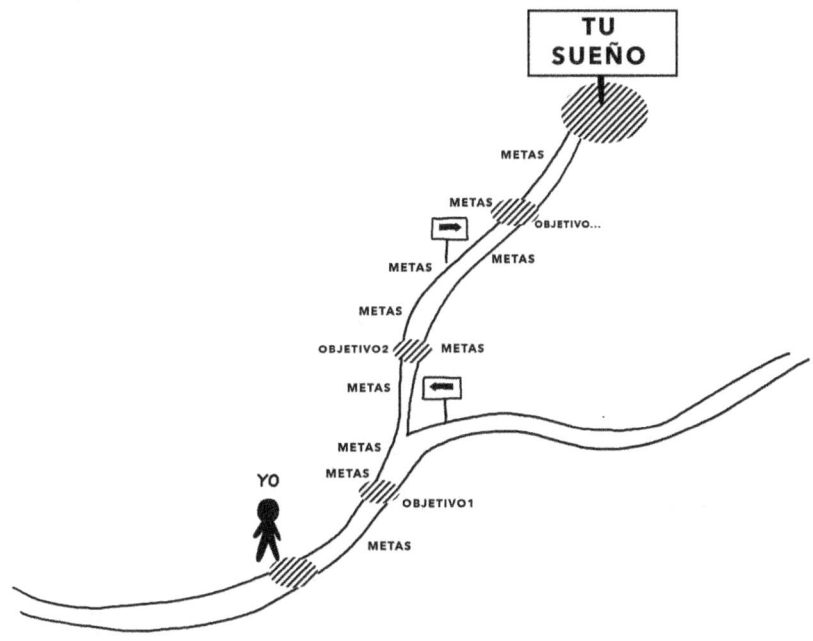

Piensa que, si todo te parece urgente e importante, nada será prioritario y siempre estarás ocupado, lo que no implica que seas productivo. Tampoco debes dejar de atender las tareas importantes porque te surjan tareas urgentes: en estos casos, fíjate bien en si realmente son importantes y concédete un margen para atender imprevistos.

Define en qué categoría está cada una de tus tareas y actúa en consecuencia.

5.3 El principio de Pareto

Pareto, un economista del siglo XIX, explicaba un modelo matemático en el que afirmaba el principio de la distribución desigual. Con él explicaba que en Italia el 80 % de las tierras eran propiedad del 20 % de la población, por lo que la riqueza se concentraba en ese 20 %.

Richard Koch, autor del libro *El principio del 80/20*[7], lo explicó así: «El principio del 80/20 afirma que una minoría de causas, contribuciones o esfuerzos suelen provocar una mayoría de resultados, rendimientos o productos».

A continuación te presento un ejemplo para que comprendas el principio del 80/20:

Dos personas acuden diariamente a realizar su trabajo. La persona A llega antes de la hora establecida porque tiene mucho por hacer, y sale la última porque aún no ha terminado. Sin embargo, la persona B llega y se va a su hora.

Cuando A se da cuenta de que B se va a su hora habiendo terminado lo que tenía que hacer y que, encima, se lleva las alabanzas de los jefes, se da cuenta de que algo no funciona. Decide entonces hacerse responsable de sus resultados y buscar la clave de lo que está sucediendo, pues sabe que no es normal que empleando todas esas horas de trabajo y esfuerzo no consiga los mismos resultados y éxitos que B y otros compañeros. De esta forma, A empezó a fijarse en los comportamientos y hábitos de sus otros compañeros: observaba lo que hacían, cómo y en qué se diferenciaba en su proceder. Entonces se dio cuenta de algo: sus compañeros hacían las cosas bien y de forma eficiente, sin añadir adornos ni extras cuando no era necesario. ¿Resultado? Ahorrar tiempo y esfuerzo.

Es tu turno

Identifica esas tareas que estás realizando en las que **el 80 % del esfuerzo que haces solo te reporta beneficios del 20 %**, y trata de darle la vuelta a esa situación. Para ello, no pierdas de vista los siguientes puntos:

---

7. Richar Coch, *El principio del 80/20*, Ediciones Paidós, 2009.

- Pon atención en cómo lo hacen otros para conseguir esos resultados que anhelas e imítalos.
- Mantén el foco en aquello que te da buenos resultados, el resto será secundario.

Ejemplos de tu vida cotidiana donde aplicar este principio:

- El 20 % de las personas que conoces te dan el 80 % de las alegrías de tu vida. Si quieres comprobarlo, revisa tus redes sociales y mira tus contactos.
- El 20 % de los clientes de una empresa generan el 80 % de los ingresos.
- El 20 % de las nubes arrojan el 80 % de la lluvia.

Todas las causas, esfuerzos o contribuciones no tienen el mismo peso, por eso es muy importante saber cuál es ese 20 % de tareas que deberías realizar para alcanzar los resultados que deseas. Como ves, no se trata de estar ocupado, sino de identificar lo que realmente importa para obtener la productividad que te conducirá al éxito.

Por último y en relación con el tiempo, me gustaría compartir contigo otro secreto de las personas exitosas: todas son **conscientes de que tienen la cuenta atrás encendida**, así que, sin tratar de buscar atajos ni de saltarse los pasos que conducen al éxito, intentan utilizar el tiempo a su favor y aprender de los demás, imitando a quienes ya han alcanzado lo que ellos quieren: se vuelven estudiantes de las experiencias de los demás e intentan aprender lo máximo posible de ellos.

5.4 Atrévete a soñar a lo grande

¿Conoces la frase de «Es mejor apuntar a la Luna que a las estrellas»? Pues eso es lo que hay que hacer. Si quieres aumentar los estándares de tu vida, necesitarás apuntar lejos en todas las áreas. ¿Por qué conformarte con una relación de 6 con tu familia si podrías hacer mucho más para tener una relación de 9 o 10 con ellos?

Conseguir grandes resultados implica pensar a lo grande. El éxito es la consecuencia de no ponerse límites y de no temer el fracaso, sino de sentir miedo de lo mediocre. Por ello, tus metas tienen que ilusionarte, y alcanzarlas debe suponer un gran cambio en tu vida y servir de ayuda para ti y los que te rodean.

Un gran error a la hora de fijarse metas es escogerlas poco interesantes y, por tanto, nada motivadoras. Hay personas que piensan en objetivos fáciles y que no conllevan mucho esfuerzo, pero, al poco tiempo se aburren de ellos o se desaniman.

Carol Dweck, psicóloga, profesora de la Universidad de Stanford (Estados Unidos) y experta en cómo influye el concepto que tú tienes sobre ti mismo en tus acciones, ha proporcionado mucha luz sobre los motivos de por qué debes pensar en grande. En sus estudios con niños, descubrió que hay dos tipos de mentalidad: la de crecimiento y la fija. Mientras que la primera busca el progreso, la segunda evita el fracaso. Las personas con mentalidad de crecimiento utilizan mecanismos de aprendizaje que les ayudan a aprender más, sienten menos frustración y demuestran más esfuerzo; sin embargo, las personas con mentalidad fija tienden a limitar sus propias capacidades y, por tanto, aprenden menos. No obstante, Dweck afirma que esto no es inamovible, sino que se puede trabajar para cambiar la mentalidad: «Todos podemos cambiar con esfuerzo —asegura la doctora—. Yo creo que cualquiera puede aprender y sacar ventaja de tener una mentalidad de crecimiento. […] Las personas con mentalidad fija piensan, equivocadamente, que si fracasan en algo es porque no tienen suficiente inteligencia o talento, y entonces abandonan objetivos que podrían haber alcanzado si hubieran perseverado. Pero quizás el principal argumento para que transformen su mentalidad es que ese cambio beneficiaría a todo su entorno: las personas con una mentalidad de crecimiento son mejores padres, profesores, jefes, compañeros y amigos; creen que las personas pueden crecer y, por lo tanto, son mejores para estimular el crecimiento y el aprendizaje en los otros».

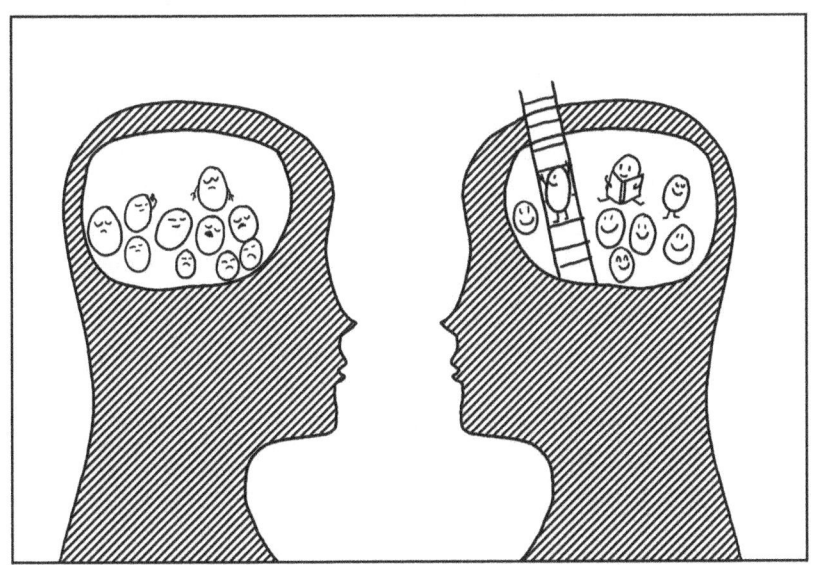

Pero, ahora bien, **las metas sin acción no sirven para nada**. ¿Qué hacen las personas que tienen éxito? Acción masiva, al cien por cien. Yo la equiparo a la de los niños: veo a mi hijo que, desde que se despierta, no para en todo el día, incluso cansado y casi con ojeras y los ojos enrojecidos quiere seguir jugando; además, detesta dormir, dice que si dormimos tenemos menos tiempo para jugar.

Esta es la energía que tienen las personas que consiguen sus objetivos, esos que al principio no parecían nada realistas, pero precisamente por eso consiguieron hacerlos realidad. Para cumplir tus sueños no puedes actuar de manera mediocre, necesitas poner un extra en todo lo que haces. No importa lo que ocurra a tu alrededor o lo que las personas que te rodean estén acostumbradas a hacer, porque nadie va a cumplir tus sueños por ti.

Cuando empieces a actuar para ir en busca de tus sueños, te encontrarás personas que sientan admiración, envidia, otros que quieran aprender…; también habrá quienes estén en un nivel de acción y compromiso menor con ellos mismos y te hagan comentarios como, por ejemplo: «Descansa más y quédate en casa», «Todo no es trabajo en la vida», «No hagas tantas cosas», «Vas muy rápido»...; otros irán más lejos y te criticarán abiertamente. Sin embargo, algo imprescindible para alcanzar tus sueños es **estar preparado para afrontar esas críticas**. Cuando empieces a actuar de manera masiva, todos los que estén en la media y no quieran progresar utilizarán su mejor sistema de defensa para justificar su inacción: criticarte.

A nadie le gusta ser criticado, pero cuanto antes asumas que solo le caes bien al 50 % de las personas, te harás más consciente de que, hagas lo que hagas, no podrás contentar a todo el mundo. Aprender a sobrellevar las críticas y seguir persiguiendo tus objetivos sin tener en cuenta lo que te digan los demás será un indicador de que estás rozando el éxito.

Piensa que tu vida es tu responsabilidad y nadie más tiene poder sobre ella. Así que aprende de las personas exitosas, no hagas caso a las críticas y sigue el camino que te has marcado, paso a paso, hacia la vida de éxito que has planificado para ti.

¿QUÉ TIENEN EN COMÚN LAS PERSONAS DE ÉXITO?

Responder a esa pregunta ha sido uno de los retos que me marqué en su día y para lo que he trabajado durante mucho tiempo. Por eso, he dedicado los últimos cinco años al estudio de las personas exitosas, investigando los estudios que se han realizado en esta materia, acudiendo a cursos y conferencias... Todo con el objetivo de saber cuáles eran las diferencias entre las personas que tienen éxito y las que no.

En un primer momento, tu mente puede llevarte a pensar que la diferencia radica en la parte económica (si han nacido con dinero) o en si están altamente cualificados. Sin embargo, la realidad nada tiene que ver con eso. Un estudio llevado a cabo por la empresa Fidelity Investments indica que el 80 % de las personas con un millón de dólares o más lo consiguieron ganar por ellas mismas y no a través de herencias.

6.1 Pensamientos ricos vs. pobres

Otro estudio realizado por Thomas Corley ofrece datos más concretos sobre las diferencias entre ricos y pobres: tras perder el negocio familiar a causa de un incendio, lo que le obligó a pasar de la riqueza a la pobreza, Thomas Corley, conferenciante y autor de *Rich habits: the daily success habits of wealthy individuals*[8], se interesó por las diferencias entre los hábitos de ricos y pobres e inició una investigación en la que analizó las actividades diarias de 233 personas ricas y 128 pobres durante cinco años.

En primer lugar, Corley estableció que había dos tipos de millonarios: los que tienen una fortuna heredada y los que se han

---

8. Thomas Corley, *Rich habits: the daily success habits of wealthy individuals*, Ingram International Inc., 2010.

construido la suya propia. En segundo lugar, se dio cuenta de lo siguiente: «De mi investigación descubrí que todo depende de la cotidianidad de tu vida. [...] Hay una causa y efecto asociada a los hábitos, y estos son la causa de la riqueza, la felicidad, la tristeza, el estrés, la pobreza, las buenas y malas relaciones o la salud».

Un pensamiento que se repite en tu cabeza de manera habitual se convierte en hábito: como te explicaba anteriormente, **eres lo que piensas y lo que crees**. Por eso, si quieres tener éxito, es fundamental que cambies tus creencias y pensamientos para que empieces a pensar como una persona de éxito.

Según los resultados del estudio de Corley, **los pensamientos de las personas con poco dinero** son los siguientes:

- El 87 % piensan que deben ser superdotados intelectualmente para poder llegar a ser ricos.
- El 90 % piensa que el destino determina si serás rico o pobre.
- El 13 % cree tener posibilidades de ser rico.
- El 11 % piensa que la creatividad es crítica para alcanzar el éxito financiero.
- El 80 % cree que la genética tiene que ver con el éxito.
- El 18 % piensa que ellos son la causa de su situación financiera.
- El 77 % cree que mentir es un requisito para acumular riqueza.
- Únicamente el 2 % medita diariamente.
- El 90 % piensa que los ricos son ricos porque sus padres lo eran y ellos heredaron su dinero.
- El 22 % piensa que el optimismo es importante para llegar al éxito.
- El 5 % piensa que los ricos son gente buena, trabajadora y honesta.

- El 52 % cree que ser rico se logra por accidente o es cuestión de suerte.

Estos son los pensamientos de los ricos según los resultados del estudio de Corley:

- El 10 % piensa que ser superdotado intelectualmente es importante para ser millonario.
- El 10 % piensa que el destino tiene alguna relación con la riqueza o la pobreza.
- El 43 % creyó que serían exitosos en la vida.
- El 75 % cree que la creatividad es importante para tener éxito financiero.
- El 6 % piensa que la genética tiene relación con la riqueza o la pobreza.
- El 79 % está convencido de que ellos son la causa de su situación financiera.
- El 15 % piensa que mentir es un requisito para lograr riqueza.
- El 17 % medita diariamente.
- El 5 % piensa que los ricos son ricos porque heredaron sus fortunas de sus padres.
- El 54 % piensa que el optimismo es importante para lograr el éxito.
- El 78 % piensa que los ricos son gente buena, trabajadora y honesta.
- El 4 % de los ricos piensa que obtener riqueza es algo accidental y depende de la suerte.

Como ves, las personas ricas tienden a pensar que son sus acciones las que determinan su situación en la vida, ponen la responsabilidad de sus actos por encima de la suerte y tienen creencias empoderadoras en lugar de limitantes. El éxito empieza dentro de ellos y desde ahí trabajan cada día para conseguirlo.

6.2 La lista del éxito

Vamos a ver un listado con algunas de las características más importantes que comparten las personas de éxito:

- Son personas que parten de la base de tener una actitud positiva frente a cualquier eventualidad. Se ven capaces de resolver obstáculos y de tranquilizar a los demás diciéndoles (y creyendo) que juntos encontrarán una solución.

- Toman el control de sus decisiones y asumen la responsabilidad.

- Ven oportunidades donde otros no ven más que problemas. Saben que enfrentarse a un problema les fortalecerá y les permitirá escalar, así que ponen todo su interés en hacerse maestros en encontrar soluciones, a lo que suman grandes dosis de persistencia, un ingrediente que no puede faltar.

- Asumen riesgos y actúan a pesar del miedo. Están abiertos al cambio y saben que este siempre trae cosas buenas, aunque no puedan verlas en el momento.

- Piensan en el largo plazo, a pesar de que viven en el presente y no se preocupan por el pasado.

- Son conscientes de que a veces es necesario someterse a nuevas situaciones, como puede ser mudarse de país.

- Sueñan a lo grande —lo que algunos llaman «no ser realista»—. Sin embargo, fragmentan sus objetivos en pequeñas metas para que sean alcanzables en un tiempo factible.

- Invierten en aprendizaje, en mentores, y son lectores empedernidos —dedican, al menos, media hora diaria a leer. Sus lecturas incluyen libros de no ficción, autoayuda, historia o biografías. Por ejemplo, en una ocasión el millonario Warren Buffett afirmó que la lectura era el hábito más importante en su vida diaria—. También acuden a conferencias y eventos: se preocupan por aprender, por tener más conocimientos.

- Invierten, tienen muy en mente la idea de que la abundancia económica es necesaria, al igual que lo son otras áreas de la vida. Sin embargo, no asocian el éxito solo al dinero, sino también a la felicidad, a su desarrollo personal y a su actitud positiva.
- Se preocupan por trabajar en su pasión y contribuyen a mejorar su entorno.
- Son personas que se comprometen con sus objetivos.

Ten muy presentes estos rasgos para replicarlos en tu día a día, porque serán los que te acerquen al éxito, sea cual sea la meta que te hayas fijado.

6.3 Los hábitos de las personas exitosas

Los hábitos son comportamientos que se repiten con una cierta regularidad y que se desarrollan sin que la persona tenga que razonar.

Los buenos hábitos son la base de la riqueza. La diferencia entre la persona exitosa y la que no lo es reside en sus prácticas diarias: las personas exitosas tienen muchos hábitos buenos y pocos malos.

Aquí puedes ver (y empezar a aplicar) algunas **rutinas diarias de personas exitosas:**

Meditar. Oprah Winfrey medita al menos 20 minutos al día y afirma: «Me llena de esperanza, satisfacción y profunda alegría saber que, incluso en el bombardeo constante del día a día, existe todavía la constancia de la quietud. Solo desde ese espacio puedes dar lo mejor de ti mismo en el trabajo y en la vida».

Madrugar. Las personas de éxito son conscientes de lo valioso que es el tiempo, por lo que se despiertan muy temprano, entre las 4 y las 6 de la mañana. Dedican esas primeras horas a meditar, trabajar, realizar tareas importantes... Si para ti madrugar es algo que te cuesta, comienza por despertarte 10 minutos antes de lo habitual y proponte conseguir en un mes levantarte una hora antes de lo que acostumbras.

Richard Brandson afirma: «No importa en qué parte del mundo esté, trato de despertarme siempre a las cinco de la mañana. Al levantarme temprano, soy capaz de hacer algo de ejercicio y pasar tiempo con mi familia, lo que me pone a punto antes de adentrarme en los negocios».

Practicar ejercicio. Estas personas se dan cuenta de la necesidad de moverse, de hacer ejercicio del tipo que sea: correr, andar, bailar... Lo importante es que conocen el beneficio, ya que el movimiento produce endorfinas que provocan sensación de bienestar, además de que ayuda a tener más despejada la mente a la hora de tomar decisiones. Por tanto, empieza por hacerte consciente de ello y, si no has hecho deporte últimamente, sal a caminar o elige alguna actividad que te guste, ¡pero no empieces por pretender correr una maratón en dos días! Recuerda: metas altas pero planificadas.

Tener el hábito de hacer. La gran mayoría de las personas piensan que les falta disciplina a la hora de hacer las cosas, sin embargo, el éxito no es disciplina, es hábito de hacer. Aunque es cierto que éxito y disciplina están relacionados, la realidad es que la disciplina funciona en un primer momento, hasta que adquieres el hábito sobre esa actividad. Por tanto, ten la disciplina necesaria para poder integrar los cambios que quieres incorporar hasta que estos sean una parte natural de tu vida.

Cuidar las relaciones. Es muy difícil triunfar en cualquier área de tu vida si no cuidas las relaciones, ya que estas son el punto principal en el que apoyarte para conseguir tus objetivos. No te digo que tengas que entablar relación con todo el mundo, pero sí que cuides tu círculo familiar, de amistades, compañeros, empleados... Y ten mucho cuidado con aquellos que no te apoyen. Recuerda que hay muchas personas que por miedo al cambio o por envidia pueden frenar tu evolución. Como te explicaba en el libro *Descubre tu pasión*, los que están arriba te ayudan a subir y los que están abajo te agarran para no perderte.

Cada uno tiene creencias diferentes y derecho a vivir según sean estas. Cada uno tiene también sus propias opiniones sobre algo y puede que sean similares a tus creencias o no. Como ser humano, eres un ser social por naturaleza, vives rodeado de personas y estas ejercen de un modo u otro cierto impacto en tu vida. A algunas de esas personas las has elegido tú y otras no. Pero recuerda: tú tienes el poder de decidir con quién pasas más tiempo.

Seguro que has escuchado esa frase de Jim Rohn que dice: «Eres el promedio de las cinco personas con las que más tiempo pasas». Lo que quiero explicarte en este punto es que las creencias similares quieren estar juntas y apoyarse mutuamente. Cuando sales con ganadores, hablarás de ganar; cuando sales con pesimistas, hablarás de negatividad; si vas con gente positiva con creencias que empoderan, hablarás sobre ello, por eso muy importante que te rodees de las personas adecuadas y, si debes cambiar de amigos, hazlo ya, aunque esto te suene fuerte.

Es momento de que tú cambies, y alguien negativo solo te va a robar la energía e intentará que tú entres en su mismo nivel de vibración: de pesimismo, de supervivencia. Sé que esto puede que no te guste. Yo parto de la base de que todos somos buenas personas, y es que no es contradictorio que seas una persona maravillosa y que vibres en un estado de negatividad y de queja.

Practicar *networking* desde la generosidad. Me gusta mucho cómo trata este tema Keith Ferrazzi en su libro *Nunca comas solo*[9]. Él resume el secreto del éxito en una palabra: *generosidad*. En su libro cuenta lo siguiente:

> Cuando era joven, mi padre, que era obrero en una fábrica de acero, quería que yo tuviera más de lo que él había tenido

---

9. Keith Ferrazzi y Tahl Raz, *Nunca comas solo*, Profit Editorial, 2015.

nunca. Y expresó sus deseos a un hombre que hasta ese momento no había visto nunca, el director general de la empresa para la que trabajaba, el señor McKenna. A este señor le gustó el coraje de mi padre y me ayudó a conseguir una beca para estudiar en una de las mejores universidades privadas del país, de la que él era miembro del consejo de dirección. Más tarde, la presidenta del Partido Republicano a la que conocí en el segundo año de universidad me prestó dinero y me aconsejó que hiciera un máster en negocios.

Ferrazzi cuenta que cuando él se refiere a «conectar con las personas» habla de dar y recibir, de pedir ayuda y ofrecerla; de poner a personas en contacto ofreciéndoles tu tiempo y compartiendo tus conocimientos. Menciona que hay una regla no escrita según la cual, si inviertes tiempo y energía en desarrollar relaciones personales con la gente adecuada, generarás dividendos.

Asimismo, habla de que la mayoría de las personas exitosas y ricas entienden esta regla porque ellos mismos la usaron para llegar a donde están. Y deja muy claro a lo largo de todo su libro que la moneda del *networking* es la generosidad, y hace hincapié en que, una vez más, la ley del dar y recibir aplica aquí también: cuanto más des, más recibirás.

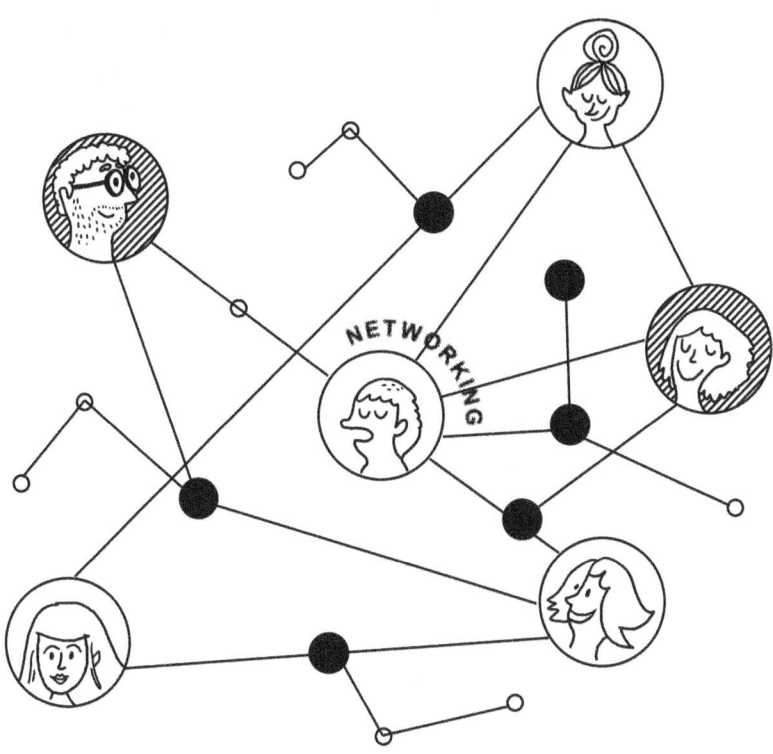

El poder de la generosidad es una fuerza que nunca falla, porque mantendrás la abundancia del universo circulando en tu vida. Y recuerda que si piensas que por dar algo tú tendrás menos, así será. No quiero que me creas, simplemente hazlo y compruébalo.

Yo misma practico este importante principio del universo donando el 10 % de las ventas de mis libros a organizaciones sin ánimo de lucro. Y lo hago convencida del poder que la generosidad tiene en la vida.

Sentirse agradecidos. Oprah Winfrey ha dicho: «Sé con certeza que apreciar lo que se te presenta en la vida cambia tu vibración personal. [...] Irradias y generas más bondad para ti mismo cuando estás al tanto de todo lo que tienes y no te centras en lo que no tienes».

La vida está llena de momentos buenos y otros menos buenos (o peores), pero hay una realidad: estás vivo y seguro que tienes mucho que agradecer. Probablemente, cuando todo te vaya de color de rosa, serás más capaz de encontrar las cosas buenas por las que dar las gracias, pero es justo en esos momentos malos que todos tenemos cuando más debemos aplicar la gratitud y enfocarnos en ella.

Serás feliz cuando adquieras la capacidad de agradecerle a la vida todo lo que tienes y lo que te ocurre. Desde muy pequeños nos dicen que es de bien nacido ser agradecido, y nos repiten una y otra vez que digamos la palabra mágica *gracias*, algo tan sencillo de decir y que nos proporciona un inmenso sentimiento de apreciación. Y es que valorar las cosas y sentir agradecimiento por la vida es una sensación increíble que te ayuda a disfrutar la vida y a superar esos momentos no tan buenos.

> «La gratitud es la flor más bella que brota del alma».
> Henry Ward Beecher

Si ahora mismo estás leyendo, significa que estás vivo; si estás vivo, significa que tienes lo más importante: vida. Siéntete agradecido por ello. Desde hoy, cada día de tu vida, acuéstate y despiértate agradeciendo: agradece por lo que tienes y por lo que aún no ha llegado a tu vida, conéctate con la gratitud y verás como empezarás a atraer aquello que deseas.

Como dice un refrán: «Quien no agradece lo poco, no agradecerá lo mucho». La gratitud es necesaria si quieres vivir una vida de abundancia, así que conviértela en un hábito más en tu vida y agradece lo que tienes, por muy pequeño que sea.

Robert Emmons, profesor de psicología de la Universidad de California y escritor de *The psychology of gratitude* y *Gratitude works! A twenty-one day program for creating emotional prosperity*[10], afirma que llevar un diario de gratitud puede aumentar

---

[10]. Puedes consultar todas las publicaciones de Robert Emmons en https://emmons.faculty.ucdavis.edu/publications/.

la satisfacción y el bienestar de cualquier persona, así que te animo a que lo hagas tú también.

Es tu turno

A continuación te presento una hoja en la que puedes empezar tus ejercicios de gratitud. Hazlos durante una semana. Aunque al principio no sepas identificar por qué te sientes agradecido, verás que, a medida que vayan pasando los días, irás cayendo más fácilmente en la cuenta de todas las cosas que tienes que agradecer. Es una herramienta que te ayudará a ver lo que realmente te importa en la vida y a mantenerte enfocado en ello.

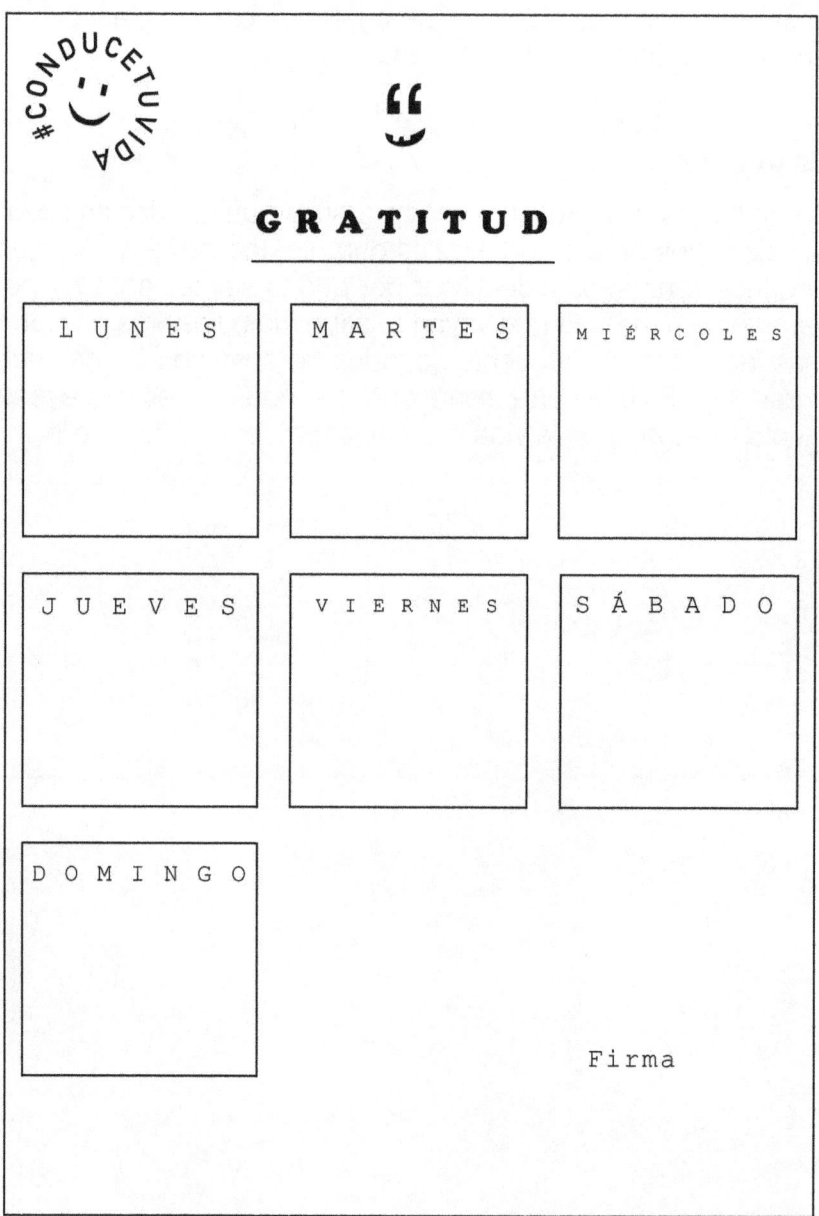

Puedes compartir tus agradecimientos del día con tu pareja, con un amigo o conmigo a través de mis redes sociales o mi correo electrónico. Estar agradecido a la vida es un sentimiento maravilloso que merece ser compartido; para mí será un regalo recibir una foto de tu diario de gratitud.

«No puedes estar temeroso y agradecido al mismo tiempo, así que tal vez es hora de entrenar tu sistema nervioso para entrar en gratitud de forma más natural».
Tony Robbins

6.4 ¿Cómo crear un hábito?

Ahora puede que tengas en mente todos esos hábitos nuevos que te gustaría adoptar, pero, si quieres incorporarlos todos a tu vida de la noche a la mañana, puede que te entre un poco de agobio y frustración y termines por abandonar. Para evitarlo, selecciona solo dos hábitos que quieras empezar a establecer en tu vida.

HÁBITO 1

BENEFICIO

HÁBITO 2

BENEFICIO

Asimismo, si quieres crear el hábito de hacer ejercicio o de levantarte temprano, lo normal y efectivo es que empieces de manera progresiva. Para ello, establece primero un plan específico de lo que quieres conseguir, por ejemplo:

Quiero ser capaz de levantarme una hora antes de la habitual (las 8:00 h) dentro de un mes. Para ello, actuaré de la manera siguiente:

- *La primera semana empezaré levantándome 15 minutos antes (a las 7:45 h).*

- *A partir del día 7 y hasta el día 15, me levantaré 30 minutos antes (a las 7:30 h).*

- *Del día 15 al 10, me levantaré 45 minutos antes (a las 7:15 h).*

- *A partir del día 20 me levantaré una hora antes (a las 7:00 h) y seguiré haciéndolo para fijar el hábito.*

Es tu turno

Escribe a continuación los dos hábitos que quieres establecer y explica los beneficios que te van a suponer.

Ponte las alarmas, anota los motivos por los que lo vas a hacer y establece de manera clara qué quieres hacer en esa hora que le ganarás al reloj: ¿quieres meditar?, ¿leer?, ¿desayunar con más tranquilidad? **Sé conciso definiendo tu objetivo y ponlo por escrito.**

Haz un seguimiento semanal e indica si lo cumples. Si es así, prémiate por tu logro; si no lo has conseguido hacer cada día, no seas duro contigo y piensa en cuál es la razón que hay detrás de querer conseguir establecer ese hábito. El motivo tiene que ser tan grande que te ayude a mantenerte motivado incluso en los momentos de flaqueza.

SEGUIMIENTO DE TUS HÁBITOS

HÁBITO:_____MES:_____
L   M   X   J   V   S   D

HÁBITO:_____MES:_____
L   M   X   J   V   S   D

HÁBITO:_____MES:_____
L   M   X   J   V   S   D

HÁBITO:_____MES:_____
L   M   X   J   V   S   D

HÁBITO:_____MES:_____
L   M   X   J   V   S   D

HÁBITO:_____MES:_____
L   M   X   J   V   S   D

☺

Poner cara sonriente o triste en función de si has realizado tu hábito o no, o pintar de colores si lo logras y negro si no.

> «Toda nuestra vida, en cuanto a su forma definida, no es más que un conjunto de hábitos».
> William James

En relación a cuánto tiempo necesitas para adquirir un hábito, William James, padre de la psicología científica, escribió un artículo en 1887 titulado «El hábito» en el que contaba que el tiempo necesario para crear un nuevo hábito en tu vida eran 21 días. Este estudio se ha ido consolidando a lo largo de los años con otras investigaciones, como la de Maxwell Matz, quien decía que cuando les modificaba algún rasgo de la cara a sus pacientes, por ejemplo, la nariz, les llevaba 21 días acostumbrarse a su nuevo aspecto.

Ahora bien, sean 21 días o más, hay un ingrediente fundamental si quieres incorporar un hábito o lograr cualquier cosa en tu vida: la motivación y el porqué. Lo que quieres establecer tiene que ser algo importante y valioso para ti y para tu vida si quieres conseguirlo.

Por ejemplo, no te servirá de nada empeñarte en hacer ejercicio diariamente si eso no está conectado con un porqué importante para ti, por mucho que te lo digan los libros, tus amigos o el mismo médico. Si no le buscas el sentido, acabarás abandonando, así que ten muy claro el porqué de cada una de tus acciones y lleva a cabo tan solo aquellas que tengan sentido para ti.

Charles Duhigg en su libro *El poder de los hábitos*[11] explica que para que nuestras conductas se transformen en un hábito hemos de llevar a cabo un proceso de tres pasos.

1. **Señal**: clic que le pide a tu cerebro que entre en modo automático y le indica qué rutina seguir.
2. **Rutina**: comportamiento físico, mental o emocional que sigue a la señal.

---

11. Charles Duhigg, *El poder de los hábitos*, Urano, 2012.

3. **Recompensa**: estímulo positivo que le dice a tu cerebro que la rutina ha funcionado y que merece la pena ser recordada.

Por tanto, si quieres establecer hábitos nuevos en tu vida, ten en cuenta lo siguiente:

1. ¿Qué quieres? Especifica exactamente el hábito que quieres conseguir.
2. ¿Cómo lograrlo? Indica de manera simple las acciones que vas a llevar a cabo.
3. ¿Cómo recordarás la acción que tienes que realizar? El detonante que te lleve a iniciar la acción puede ser muy diferente para cada persona, por ejemplo, una alarma, un pósit...
4. Implementa las acciones de modo progresivo. En la medida en la que de forma automática incluyas en tu rutina una acción que te acerque a tu objetivo sin mayor esfuerzo, podrás ir añadiendo otras.
5. Revisa el cumplimiento de las acciones que vas a llevar a cabo.
6. Celebra cada acción que lleves a cabo y que te acerque a tu objetivo. Este es un elemento fundamental, debes recompensarte.

A continuación te ofrezco un cuadro con 21 días para que incluyas el hábito que quieres implementar y realices un seguimiento diario en el que se incluyan recompensas.

21 DÍAS PARA ESTABLECER TUS HÁBITOS

OBJETIVO:_____

(1)(2)(3)(4)(5)(6)(7)(8)(9)(10)(11)(12)
(13)(14)(15)(16)(17)(18)(19)(20)(21)

OBJETIVO:_____

(1)(2)(3)(4)(5)(6)(7)(8)(9)(10)(11)(12)
(13)(14)(15)(16)(17)(18)(19)(20)(21)

OBJETIVO:_____

(1)(2)(3)(4)(5)(6)(7)(8)(9)(10)(11)(12)
(13)(14)(15)(16)(17)(18)(19)(20)(21)

OBJETIVO:_____

(1)(2)(3)(4)(5)(6)(7)(8)(9)(10)(11)(12)
(13)(14)(15)(16)(17)(18)(19)(20)(21)

OBJETIVO:_____

(1)(2)(3)(4)(5)(6)(7)(8)(9)(10)(11)(12)
(13)(14)(15)(16)(17)(18)(19)(20)(21)

Una vez que tengas tu objetivo claro y empieces a hacer el seguimiento de tu proceso para establecer hábitos en tu vida, no te olvides del poder de tu subconsciente. Para reforzarlo, aliméntalo de imágenes que te ayuden a cumplir tu objetivo.

En *Conduce tu vida* te hablaba de la autosugestión, un proceso mediante el cual un individuo autodirecciona a su subconsciente para llegar a creer algo o fijar determinadas asociaciones mentales, generalmente con un propósito específico.

De una manera más simple, digamos que para Napoleon Hill, autor del libro *Piense y hágase rico*, la autosugestión no es más que una serie de palabras o frases que se repiten constantemente con el objetivo de cambiar tu percepción mental a un nivel subconsciente. Ahora bien, esas palabras o frases solo entrarán en tu subconsciente si van unidas a emociones o sentimientos.

¿Qué ocurre llegados a este punto? Que este es el modo en el que puedes alimentar a tu subconsciente, pero presta atención a con qué lo alimentas, porque, si lo que te repites es «No puedo» o «Soy incapaz», el resultado será muy negativo. De ahí la importancia de saber qué quieres, qué es eso que deseas fervientemente.

Es tu turno

A continuación te propongo un ejercicio para que te visualices dentro de un año y de tres. Necesito que seas específico en las respuestas que te planteo a continuación y detalles todo, por insignificante que te parezca:

¿Cómo seré en 1 año?, ¿y dentro de 3?

- _____
- _____
- _____

¿Qué hábitos he logrado establecer?
- _____
- _____
- _____
- _____

¿Qué hago que antes no hacía?
- _____
- _____
- _____
- _____

¿En qué ha mejorado mi vida después de aplicar estos hábitos?
- _____
- _____
- _____
- _____

¿Qué beneficios ha supuesto para mí?
- _____
- _____
- _____
- _____

¿Cómo ha beneficiado a mi entorno ese cambio?

- _____
- _____
- _____
- _____

¿Cómo me siento?

- _____
- _____
- _____
- _____

¿Qué dificultades superé?

- _____
- _____
- _____
- _____

¿Qué consejo le darías a tu yo del pasado una vez que has llegado a establecer esos nuevos hábitos de vida?

- _____
- _____
- _____
- _____

Si quieres cambiar tu vida y llevarla a otro nivel, imagina tu objetivo, visualiza esos nuevos hábitos y sé concreto en lo que quieres, visualízalo con todos los detalles.

Una herramienta fantástica para tener bien visible tu objetivo es un *vision board*. Se trata de buscar fotos que representen cómo serás cuando alcances tu objetivo, y ponerlas todas en una cartulina o corcho donde puedas verlas cada día. Por ejemplo, si quieres convertirte en un *runner*, incluye una foto de una persona corriendo. Y así con cada faceta de tu vida.

Ahora ponte manos a la obra y haz el *vision board* con tu yo del futuro poniendo en imágenes el resultado de quién serás y cómo estarás cuando esos hábitos se conviertan en parte de ti. Me hace especial ilusión ver este ejercicio, ya que representa cómo va a ser tu vida una vez que implementes los conocimientos que hay en este libro, así que, si quieres, comparte una foto conmigo, me encantará ver tu *vision board* a través de Instagram o Facebook. Me hará mucha ilusión ver que eres de las personas que van a por sus sueños.

Capítulo 6. ¿Qué tienen en común las personas de éxito?

6.5 Salir de la zona de confort

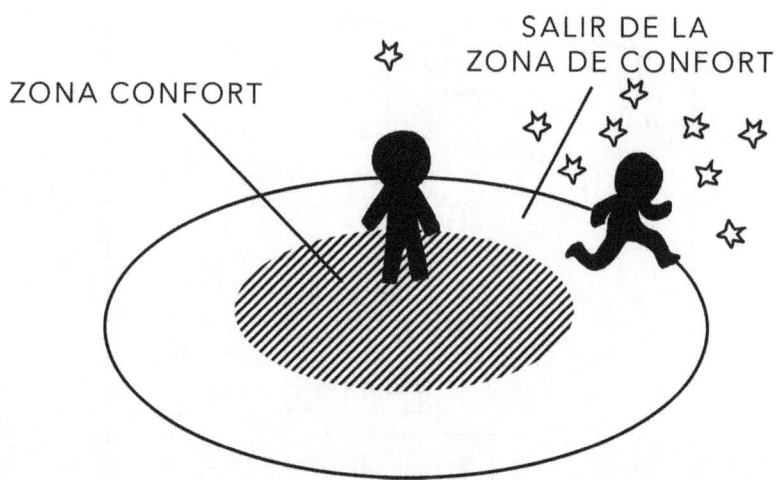

Ya sabes que la vida a la que aspiras se encuentra fuera de tu zona de confort, así que salir de ella es una condición imprescindible. Aquí tienes unas pautas para conseguirlo:

- En primer lugar, reconoce que tienes miedo y asume que tienes que aprender a manejarlo.

- La mente te dará un millón de excusas para mantenerte donde estás, pero todo camino empieza dando el primer paso, así que empieza poco a poco: los pequeños avances te darán motivación para continuar.

- Te hablaba en los dos primeros libros de esta serie de la importancia de la acción y de que una decisión sin acción no es nada. Sin embargo, además de la acción tiene que haber un plan, un mapa: créate una lista de esos primeros pasos que debes ir dando para salir de tu zona de confort.

- Rodéate de personas que estén en continuo crecimiento y retándose a sí mismas para expandir esa zona de confort. Si quieres madrugar, haz algún plan de llamadas con tu grupo para que todos empecéis a madrugar. No subestimes la fuerza de la unión, sobre todo entre personas que estáis en la misma vibración.

- Confía en que tienes todo lo que necesitas dentro de ti para lograrlo.

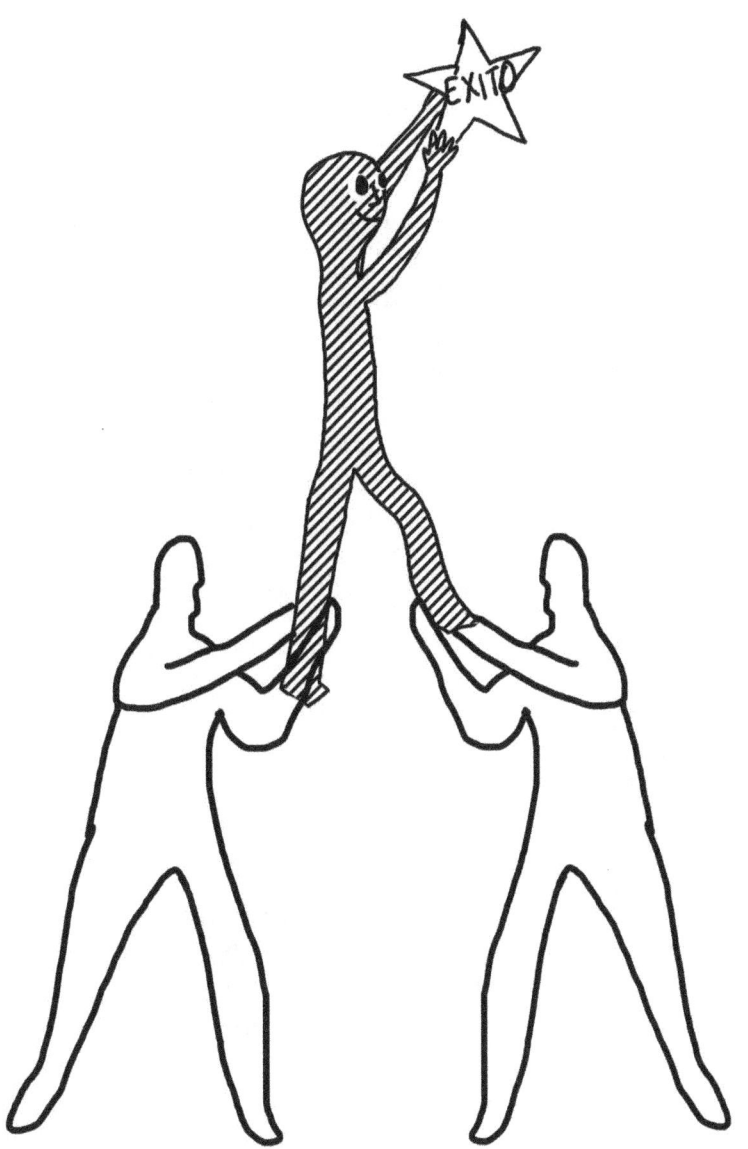

6.6 El poder de las afirmaciones

Anteriormente te hablaba de la sugestión y de tener cuidado con aquello que alimenta a tu cerebro. Ahora quiero hablarte de las declaraciones.

Para ser sincera, te confesaré que la primera vez que yo las hice dije: «Ay, Señor, dónde me he metido...», porque estaba en un seminario en la otra punta del mundo con T. Harv Eker diciendo: «Y ahora repetid en voz alta: "Tengo una mente millonaria", "Mi mundo interior crea mi mundo exterior"». Sin embargo, a medida que iba avanzando el seminario, llegué a una conclusión: ¿qué daño puede hacerme esto? Me di cuenta de que ninguno y que, aunque no me diera ningún beneficio, al menos podría echarme unas risas y recordarlo en el futuro. Sin embargo, después investigué cómo afectan a nuestro subconsciente las afirmaciones y descubrí su importancia: las afirmaciones son energía, por tanto, las frases de baja vibración te traerán situaciones de la misma categoría, pero, si subes la vibración de tus palabras, llegarán nuevas oportunidades[12].

Una declaración es una herramienta muy útil y poderosa para programar tu mente con creencias que te ayuden a manifestar la vida que deseas. Una declaración no es más que una afirmación positiva que repites en voz alta y cuya finalidad es que después de tanta repetición se integre en tu cerebro de manera automática.

No olvides que tus creencias provocan unos pensamientos, que a su vez te hacen tener unas emociones y actuar de un modo u otro, lo que da lugar a unos resultados determinados. El poder de lo que te dices puede ser potenciador o destructor, de ahí que haya afirmaciones que construyen y otras que destruyen.

---

12. Si deseas profundizar en este tema, te recomiendo que leas el capítulo 10 de mi libro *Conduce tu vida*.

Es tu turno

A continuación, repite estas declaraciones:

- *Soy feliz.*
- *Soy el dueño de mi vida.*
- *Soy creador de mi realidad.*
- *Conseguiré todo lo que desee.*
- *Los obstáculos son peldaños en el camino hacia el éxito.*
- *El éxito es mi estado natural.*
- *Me siento capaz y seguro.*
- *Confío en mí.*

Elige tres declaraciones y escríbelas (escribiéndolas pondrás más de tu parte para interiorizarlas). Una vez escritas, léelas en alto, piénsalas y repiénsalas, adquiere este mantra en tu vida.

Si estás dudando entre hacerlo o no, recuerda que para llegar a otro nivel de tu vida vas a tener que empezar a hacer cosas que nunca antes hayas hecho. Este ejercicio solo te va a llevar unos minutos, sin embargo, los beneficios que crearás en tu subconsciente se multiplicarán por diez.

Sumando estos pequeños cambios en tu vida crearás nuevos hábitos que te acercarán al éxito. Recuerda que si haces lo de siempre, obtendrás lo de siempre, y no es eso lo que quieres, ¿verdad? Ábrete a nuevos hábitos y experiencias, pon estos ejercicios en práctica y observa los resultados. Merecerá la pena.

¿TENGO QUE SER MILLONARIO PARA TENER ÉXITO?

En la vida no todo es amor, no todo es salud, no todo es trabajo y no todo es dinero, pero el dinero sí es importante, porque es un instrumento que nos ayuda a tener lo que queremos, ya sea más tiempo o más cosas materiales. No obstante, debes tener claro que las personas exitosas no enfocan su éxito en el dinero, pero este **les llega como resultado de las acciones que llevan a cabo,** es una parte más de la ecuación.

Si quieres ser millonario, no hay nada de bueno o malo en ello, lo importante es que vivas la vida que tú quieres sabiendo que el dinero nunca debe ser el fin. Lo esencial es que sepas qué quieres: ¿qué tipo de vida anhelas tener?, ¿cuáles son tus sueños?, ¿cuál es tu misión o tu porqué en la vida? El dinero vendrá como consecuencia del trabajo que realices para cumplir con esa misión, será una consecuencia, no un fin en sí mismo.

En el primer libro de la serie te propuse escribir una carta a los Reyes Magos (de manera figurada, obviamente). El objetivo era que escribieras lo que deseabas, así que, si ser millonario es uno de tus objetivos, ahí aparecerá. Sin embargo, ser millonario no es lo que te hará feliz, por eso es importante que trabajes en tu propósito de vida y encuentres tu porqué.

7.1 La relación de las personas de éxito con el dinero

El dinero es un apartado más dentro de la prosperidad, de la abundancia; uno más como puede ser el amor, la salud o la satisfacción personal. Sin embargo, es un punto que crea controversias.

La conocida frase de que «El dinero no da la felicidad» me parece estupenda, pero recuerda que la felicidad tampoco te da amor, ni la salud te da dinero. Lo que te quiero decir con esto es que las personas, en general, tienen creencias negativas sobre el dinero, pero el dinero en sí no es bueno ni es malo, el problema principal es, de nuevo, tu mente.

La riqueza es un estado mental, es el resultado de tus pensamientos. Hoy en día la ciencia ha realizado estudios que nos demuestran que nuestros pensamientos influyen en la materia y en nuestro cuerpo. Por ello, si tienes un problema económico, el verdadero conflicto estará dentro, en qué piensas del dinero, qué emociones te provoca y qué haces con él.

A continuación te presento a grandes rasgos las diferencias entre las personas con éxito financiero y las que no lo tienen:

- Las personas que gozan de prosperidad financiera no tienen creencias limitantes.

- Las personas con una situación financiera saludable han erradicado los malos hábitos en cuanto al dinero. Con *malos hábitos* me refiero a vivir al día, gastar más de lo que ganas, no llevar ningún control de tus cuentas, endeudarte sin ni siquiera saber si puedes hacer frente al pago... Uno de mis mentores decía: «Déjame ver tu cuenta bancaria y sabré tus resultados». Y es que esos resultados, sean los que sean, no son fruto del azar, sino todo lo contrario, son efectos de una causa; por tanto, si deseas cambiar los resultados que estás teniendo ahora, deberás acudir a la raíz.

- Las personas de éxito aprenden cómo gestionar el dinero que ganan. Te recomiendo que te formes para adquirir este conocimiento, es esencial.

Tu programación en relación con el dinero será la que marque tus finanzas personales: si estás programado para que el dinero no te llegue fácilmente, así será. Si cambias tu programación y adquieres buenos hábitos financieros, estarás abriendo la puerta a la prosperidad económica.

Aquí tienes una muestra de los hábitos que tienen las personas de éxito con respecto al dinero:

- Gastan menos de lo que ganan.

- Gestionan el dinero de la mejor manera, así que consiguen ahorrar y decidir en qué quieren gastar el dinero. Analizan al mínimo detalle sus gastos, analizan las comisiones de bancos, los tipos de interés, si la cuenta bancaria requiere de pago por mantenimiento o no, y un largo etcétera.

- Lo importante es ser rico, no parecerlo. Están más preocupados por sus finanzas que por el aparentar.

- Lo importante para ellos es tener libertad financiera.

- Buscan siempre la inversión y la rentabilidad. Buscan tener ingresos pasivos y diferentes fuentes de entrada de dinero. Intentan crear un plan de crecimiento enfocado absolutamente en la libertad financiera.

Además de los hábitos, hay otro aspecto crucial para estas personas: **el poder de la palabra**.

Las palabras que utilizamos nos definen: por cómo habla alguien podrás saber los resultados que está teniendo en su vida. Las personas que tienen éxito y van consiguiendo sus metas en todas las áreas de su vida hablan un lenguaje distinto, lo he podido comprobar en numerosas ocasiones hablando con la gente que me rodea y, especialmente, en mis conferencias.

Te conviertes en lo que dices. Si quieres mejorar los resultados que estás obteniendo con el dinero, deberás mejorar tu relación con el mismo y las palabras que le dedicas, y eso empieza por cambiar las creencias que tienes sobre él.

¿Reconoces estas frases?

- «El dinero no da la felicidad».
- «Nadie se hace rico siendo buena persona».
- «El dinero solo da problemas».

Dependiendo del grado de importancia o rechazo que tu entorno tuviese en relación con el dinero, se fueron gestando unas u otras creencias en tu interior, y ello creó un patrón de pensamiento sobre él.

Es tu turno

¿Recuerdas qué oías en tu casa con respecto al dinero cuando eras pequeño?

- _____
- _____
- _____
- _____
- _____

¿Recuerdas alguna circunstancia que te dejase marcado con relación al dinero?

- _____
- _____
- _____
- _____
- _____

¿Cómo gastaban el dinero en casa?, ¿invertían?, ¿ahorraban?

- _____
- _____
- _____
- _____
- _____

Quiero que reflexiones sobre estas preguntas porque la abundancia es un resultado: piensa en un árbol, en sus raíces y en sus frutos. Lo que pienses dentro te llevará a tener unos resultados u otros, y esto está directamente relacionado con el patrón mental que tengas en relación con el dinero y la abundancia en general.

El dinero tiene su propia jerga, su propio idioma, y deberás aprenderlo si quieres poder interactuar en el país de la riqueza. Por tanto, como si de un nuevo idioma se tratase, empieza a aprender todos los días un poquito, hasta que dispongas de un vocabulario que te permita hablar en la misma lengua.

7.2 ¿Cómo administras tu dinero?

Las creencias, los hábitos y la forma de hablarnos determinará tu riqueza interior y exterior. Pero ¿te has parado a pensar en cómo administras tu dinero?

Las personas de éxito administran su dinero de mejor manera que los que no lo tienen, cosa curiosa, porque quizás pensabas que quien más lo necesita debe ser quien más control tenga del mismo, sin embargo, ocurre lo contrario. Esto no es una cuestión de inteligencia o de tener estudios, sino de lo que tu mente te puede llevar a pensar y de crear el hábito de hacerlo, pues puede que el patrón mental o las creencias que tengas al respecto estén bloqueando la creación de ese hábito. Puede incluso que digas que no tienes una gran fortuna que administrar, pero siento decirte que **la vida no te va a dar más hasta que no sepas administrar lo que tienes.**

Quizás estás pidiéndole a la vida que te dé más, o haciendo todo lo necesario para crear abundancia económica, pero, si no aprendes a gestionar lo que tienes, perderás lo que consigas en el futuro.

Déjame ponerte un ejemplo sencillo: llega el verano y con él, los helados; en una ocasión salimos a cenar con unos amigos y varios niños, y después de la cena paramos en una heladería en la que tenían unos helados maravillosos, con un montón de bolas, dibujos y sombreritos muy chulos para adornarlos. Los niños, al verlos, nos pidieron ese tipo de helado, pero los adultos les dijimos que no, y les compramos un cucurucho o un vasito con una bola. El resultado fue camisetas con manchas de chocolate, manos hechas un cuadro y, cómo no, llanto y drama cuando a uno de ellos se le cayó el helado mientras corría persiguiendo a su primo... ¿Qué crees que hubiese pasado si les hubiésemos comprado ese maravilloso helado de diseño de tres bolas con adornos y demás? Esto mismo es lo que ocurre con el dinero: hasta que no aprendes a gestionarlo bien, o no te llega más o si te llega lo pierdes, como les sucede a esas personas que ganan en la lotería cantidades enormes de dinero y en cuestión de meses lo han gastado todo.

La vida no te pide que des más de lo que tienes, pero tienes que empezar a despertar ese hábito en ti, porque su poder generador te asombrará cuando lo empieces a llevar a cabo.

Estás en este mundo para tener una vida cómoda y con abundancia. Por ello, tienes que cambiar tus creencias e instalar en tu mente que **la normalidad es la abundancia** y que sea la escasez la que te extrañe y asombre. Si en tu jardín siembras manzanas, tendrás manzanas, porque no es posible que plantando manzanas salgan limones, así que decide aquí y ahora que la escasez es una anomalía y fortalece tus creencias en la abundancia y nunca en la falta o la insuficiencia.

El **poder de la generosidad** es una fuerza que nunca falla: cuanto más des, más recibirás, porque mantendrás la abundancia del universo circulando en tu vida. Y recuerda que si piensas que por dar algo tú tendrás menos, así será. No quiero que me creas, simplemente compruébalo en tu vida y verás que cuanto más des, más recibirás. Decide firmemente creerlo y repítetelo hasta que lo interiorices.

Las personas con éxito financiero están convencidas de que el dinero les llega cuando ayudan a resolver problemas a otras personas, cuantos más, mejor. Consideran que sus negocios obtendrán más beneficios si se dedican a resolver problemas o aportan un valor añadido a lo que hacen; es decir, se centran en dar lo mejor y esta es la razón de que, aun sin poner el objetivo en ganar dinero, este les llegue como resultado del dar.

No me creas, compruébalo por ti mismo: concéntrate en dar sin esperar nada a cambio. Tú haz tu parte, que la vida hará la suya.

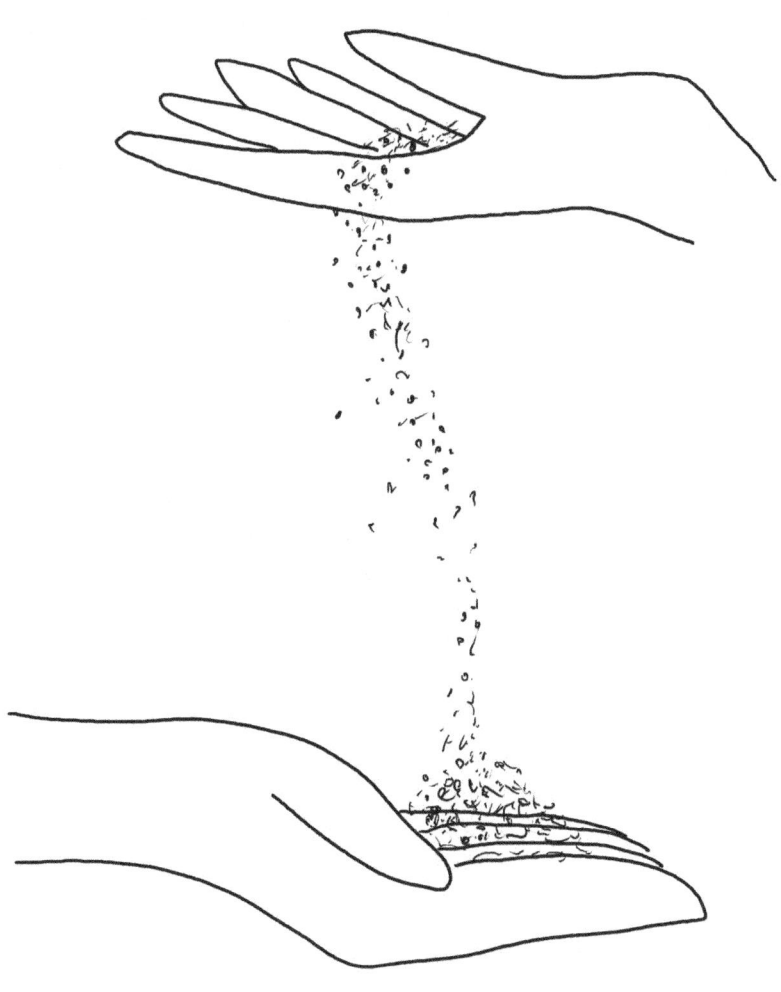

Y confía en que la abundancia llegará como resultado de encontrar qué aportas en la vida, cómo lo que tú haces ayuda a otros; es, básicamente, encontrarle un significado a vivir que vaya más allá de ti. Y esto ocurrirá cuando conectes con tu propósito, como vemos que les sucede a las personas de éxito de la historia.

Serás feliz cuando encuentres ese propósito y adquieras la capacidad de agradecerle a la vida todo lo que tienes y lo que te ocurre. Apreciar las cosas y sentir agradecimiento por la vida es una sensación increíble, porque te ayuda a disfrutar y a superar esos momentos no tan buenos —recuerda la rueda de la vida: no todo va mal, así que aprende a ser agradecido por todo lo que tienes.

7.3 Consejos de grandes empresarios

Me gustaría acabar este capítulo con los consejos de algunas de las personas de más éxito a nivel mundial. Léelos con calma y extrae todo lo que sus palabras tienen para enseñarnos. Inspírate en ellos para buscar tu propio camino hacia el éxito.

Steve Jobs, fundador de Apple:
«Tu trabajo va a llenar gran parte de tu vida,
la única manera de estar realmente satisfecho
es hacer lo que creas que es un gran trabajo,
y la única manera de hacerlo es amando lo que haces.
Si no lo has encontrado aún, sigue buscando.
Como ocurre con todo lo que tiene que ver con el corazón,
lo reconocerás cuando lo encuentres».

«Ser el hombre más rico del cementerio
no significa nada para mí.
Irme a la cama por las noches sabiendo que
hice algo extraordinario es lo que más me importa».

«Recordar que vas a morir es la mejor manera
que conozco para no pensar que tienes algo que perder.
Ya estás desnudo, no hay ninguna razón
para no seguir a tu corazón».

Capítulo 7. ¿Tengo que ser millonario para tener éxito?

Bill Gates, cofundador de Microsoft:

«Está bien celebrar el éxito, pero es más importante prestar atención a las lecciones del fracaso»[13].

Jeff Bezos, fundador de Amazon:

«Si pretendes que jamás te critiquen, entonces no hagas nada».

«En Amazon tenemos tres grandes ideas que hemos conservado durante 18 años y son la razón de nuestro éxito: poner al consumidor en primer lugar, inventar y tener paciencia».

Sam Walton, fundador de Walmart:

«Las expectativas altas son la llave para alcanzarlo todo».

Jack Ma, fundador de Alibaba:

«Los grandes problemas llevan a grandes oportunidades».

«Sueña en grande».

Richard Branson, fundador de Virgin Group:

«No te avergüences de tus fracasos, aprende de ellos y comienza de nuevo».

«Además de negociar y tener éxito, es importante pensar en los demás».

---

13. Microsoft ha experimentado fracasos como el programa Windows Me Millenium o Windows Vista, sistemas operativos que no funcionaron como estaba previsto.

PERSISTIR

Propósito, generosidad, trabajo, persistencia: estas son las claves que se repiten en cada uno de estos testimonios y no por casualidad, ya que son algunos de los ingredientes clave para tener éxito. Añádelos a todo lo que hagas y estarás un paso más cerca de ser una persona exitosa.

EMPRENDIMIENTO Y ALTRUISMO

Antes de ver la relación que tienen estos dos conceptos, es importante que conozcas los distintos tipos de roles que hay en el mundo del trabajo. Están sacados del libro *El cuadrante del flujo del dinero*[14] de Robert Kiyosaki. Te los explico a continuación:

Rol del empleado: corresponde a alguien que busca un empleo, un trabajo seguro con un buen sueldo en el que se intercambian horas de trabajo por una nómina. El problema está en que en estos momentos los trabajos ya no son tan seguros como lo eran antes, ya no son «para toda la vida». Las ventajas de este rol son que puedes disfrutar de más seguridad en cuanto a la cantidad que ingresarás cada mes, y que son una buena manera de ganar experiencia y, sobre todo, de conocer el mercado. Los inconvenientes son que tu tiempo es limitado, de manera que la manera de aumentar los ingresos también lo será.

Rol del autónomo: las personas que se encuadran en este rol tienen menos seguridad que las empleadas, pues si no trabajan no cobran. La ventaja es que tienen más libertad de horarios, aunque pueden caer en la trampa de convertirse en prisioneros de su propio negocio. Para las personas exitosas, convertirse en autónomos es un paso previo a ser emprendedores y crear un negocio de su actividad principal. Un ejemplo podría ser el de un diseñador que deja su empresa como empleado, se hace autónomo y empieza a realizar diseños para clientes, pero sabe que, si se va de vacaciones un mes, dejará de facturar porque todo depende de que él haga los diseños.

Rol del emprendedor: todas las personas de éxito coinciden en que ser emprendedores es lo que les ha proporcionado libertad, poder disfrutar más de los demás, ser independientes, desarrollarse mejor a nivel personal y conseguir libertad financiera. Es curioso porque este es el paso que entraña más riesgo, pero, como todo en la vida, lo que merece la pena tiene un precio.

---

14. Robert T. Kiyosaki, *El cuadrante del flujo del dinero*, Punto de Lectura, 2010.

Siguiendo con el ejemplo anterior, en este rol el autónomo convertiría su actividad en un negocio, en una empresa en la que no todo dependiera de él; por tanto, si parase de trabajar, su empresa seguiría funcionando porque tiene una estructura de personal bien engranada que le permite tomarse unas vacaciones y seguir facturando.

Y ahora dime: ¿cuál es tu rol?, ¿con cuál te sientes más identificado y por qué?

Cada rol está soportado por un conjunto de creencias diferentes. Según los tipos de necesidades de cada individuo que explicaba en el libro *Descubre tu pasión*, pertenecerás a un rol o a otro dependiendo de si valoras más la seguridad o no.

Las personas que tienen un rol de empleado gestionan su miedo ante la falta de dinero de manera diferente a los que tienen un rol de autónomo, puesto que el empleado buscará mantener la seguridad, mientras que el autónomo hará frente a ese miedo llevando a cabo determinadas acciones que le procuren mayor control sobre sus ingresos.

Capítulo 8. Emprendimiento y altruismo

El éxito lo puedes conquistar desde cualquier rol, ahora bien, lo que aquí estamos analizando son las personas que han cosechado más éxito en su vida en todos los niveles, y todos ellos se encuadran en el mismo rol, probablemente, porque gestionan mejor la incertidumbre y el riesgo en comparación con otros.

8.1 ¿Por qué algunos millonarios donan parte de su fortuna?

En el año 2010 nació una alianza de millonarios llamada The Giving Pledge («El compromiso de dar», traducido al español). Aunque no se habla mucho de ella, es una alianza filántropa a la que pertenecen muchas de las personas más ricas del mundo.

Bill Gates y Warren Buffett crearon esta iniciativa para animar a otros millonarios a entregar parte de su fortuna a obras benéficas. Como ellos mismos indican: «Es un esfuerzo con fines filántropos para invitar a las personas y las familias más adineradas de América a que se comprometan a donar la mayor parte de su fortuna».

A esta causa se han unido grandes nombres de los negocios como Bloomberg, la familia Rockefeller y el fundador de eBay, entre otros. Todos ellos se han comprometido a donar, como mínimo, la mitad de su patrimonio «con el fin de solucionar los problemas más apremiantes de la sociedad». Pese a ello, no existe un acuerdo formal que los obligue a entregar el dinero. En 2010, Gates comentó a la revista *Fortune* que hablaban de un compromiso moral más que de un contrato en sí. «No deben firmar, técnicamente no están obligados a nada», dijo Gates.

Sin embargo, los miembros se han hecho partícipes activos de la causa, aunque también han sido objeto de críticas de determinados periódicos que afirmaban que la intención al crear esa alianza era evadir impuestos. Pero dime: ¿de verdad crees que no encontrarían otro modo si esa fuese la finalidad?

A continuación te muestro algunos de los motivos que aluden estas grandes fortunas para formar parte de esta organización y donar gran parte de su patrimonio:

Richard y Joan Brandson: «Las cosas realmente no son lo que trae felicidad. La familia, los amigos, la buena salud y la satisfacción derivada de marcar una diferencia positiva son lo que realmente importa... Empezamos por tratar de dar una voz a los jóvenes de la década de 1960 y esperamos que nuestro compromiso de donación ayude a muchas generaciones».

Michael R. Bloomberg: «Si quiere hacer algo por sus hijos y mostrar cuánto los ama, lo mejor, de lejos, es apoyar a las organizaciones que crearán un mundo mejor para ellos. Y al dar, inspiramos a otros a darse a sí mismos, ya sea con su dinero o con su tiempo».

Lyda Hill, inversionista y filántropa estadounidense, escribió una carta cuando entró a formar parte de este grupo en la que decía:

> Queridos Bill, Melinda y Warren:
>
> Walt Disney dijo una vez: «Es divertido hacer lo imposible», y al igual que ustedes tres, estoy en una posición afortunada para ayudar a abordar algunas de las imposibilidades más desafiantes de la vida. Tengo la ferviente creencia de que la ciencia es la respuesta a muchas de las imposibilidades de la vida. Hace mucho tiempo, tomé la decisión de donar la totalidad de mis bienes a la filantropía y la investigación científica. Mi decisión más reciente de formar parte de The Giving Pledge no debe sorprender a quienes me conocen, sino que debe verse como una evolución natural de cómo me crié. He estado cerca de la filantropía toda mi vida y he entendido la importancia de retribuir desde que era muy joven.

Las personas que consiguen éxito empresarial conocen muy bien las leyes de la vida y, en particular, la ley del dar.

«La segunda ley espiritual del éxito es la ley del dar.
También podría llamarse la ley del dar y del recibir porque el universo opera a través de un intercambio dinámico. […]
Toda relación es una relación de dar y recibir.
El dar engendra el recibir y el recibir engendra el dar. […]
En realidad, recibir es lo mismo que dar, porque dar y recibir son aspectos diferentes del flujo de la energía en el universo.
Y si detenemos el flujo de alguno de los dos, obstaculizamos la inteligencia de la naturaleza».

Deepak Chopra

Si no tienes la costumbre de dar, te invito a empezar con una simple acción: sonríe, regala sonrisas a tu alrededor y verás que con este simple gesto recibirás mucho más. Será un buen comienzo para ver los efectos de esta ley.

CÓMO RECONOCER A UN LÍDER

Si miras a tu alrededor, verás que puedes clasificar a las personas en dos grupos diferentes: líderes o seguidores. Las personas de éxito suelen pertenecer al primer grupo y es importante que sepas reconocerlas y saber qué las distingue.

Después, dependerá de ti elegir en qué grupo quieres estar, no hay bueno ni malo, lo único que debes saber es que lo que consigue uno es diferente a lo que consigue el otro. Las personas con las que cerrábamos el capítulo anterior son una muestra perfecta de líderes y de lo que han conseguido.

Los líderes tienen una serie de características que los definen, como, por ejemplo, contar con seguidores que de manera voluntaria apoyan su labor. Aquí puedes ver otras características que tienen los líderes frente a los seguidores:

1. **Autoconfianza y valentía:** dos elementos fundamentales sin los cuales no hay simpatizantes, pues nadie quiere seguir a una persona que duda de sí misma o no confía lo suficiente en sus posibilidades.

2. **Autocontrol:** imprescindible también, pues, si una persona no puede controlarse, no habrá manera de que pueda enseñar a controlarse a otros.

3. **Justicia:** los líderes se ganan el respeto de los demás por su rectitud y gran sentido de la probidad.

4. **Posición firme ante sus decisiones y su plan:** nadie puede liderar si duda de sus decisiones, y mucho menos si no tiene un plan.

5. **Generosidad:** siempre hacen más de lo que se espera de ellos.

6. **Capacidad de comprensión y empatía:** dos características que les hacen ser respetados de manera casi innata.

7. **Responsabilidad:** no echan las culpas a otros, sino que ante un error son los primeros en hacerse responsables de lo sucedido.

Muy relacionada con esta última característica de los líderes está la manera de reaccionar que estos tienen ante los errores y obstáculos de la vida.

Ante un fracaso, hay personas que consideran que tras superarlo estarán mejor preparadas para afrontar otros desafíos de la vida, mientras que para otras fracasar es el fin de sus vidas, pierden la confianza en ellas mismas, dejan de perseguir sus metas o sueños y se cierran a cualquier cambio por miedo a fallar de nuevo. Sin embargo, las personas de éxito son capaces de aprender de los fracasos, ven el vaso medio lleno, lo positivo de las circunstancias, y nada las detiene en el camino hacia sus objetivos. Están enfocadas en sus capacidades.

A continuación te presento las 21 cualidades indispensables de un líder de John Maxwell, los **requisitos para construir un verdadero liderazgo**:

- La capacidad de liderazgo determina el límite del crecimiento de una persona.

- La verdadera medida de tu liderazgo es la influencia. Nada más y nada menos.

- El liderazgo se desarrolla día a día, no de un solo golpe.
- Cualquier persona puede dirigir un barco, pero es necesario un líder para determinar el rumbo.
- Cuando el verdadero líder habla, las personas escuchan.
- La confianza es la base del liderazgo.
- Las personas siguen naturalmente a líderes más fuertes que ellos mismos.
- Los líderes evalúan todo con un sesgo hacia el liderazgo.
- Tú eres lo que atraes.
- Los líderes tocan el corazón antes de pedir ayuda.
- Las personas cercanas al líder determinan el potencial de este.
- Solo los líderes seguros de sí mismos dan poder a los demás.
- Se requiere ser un líder para desarrollar a otro líder.
- Las personas se convencen del líder y luego de la visión.
- Los líderes encuentran la forma de que el equipo gane.
- El impulso es el mejor amigo de un líder.
- Los líderes entienden que *actividad* no necesariamente significa *logro*.
- Un líder debe sacrificarse para progresar.
- Conducir a otros es tan importante como saber qué hacer y a dónde ir.
- Para aumentar el crecimiento hay que conducir a seguidores. Para multiplicarlo, hay que conducir a líderes.
- El valor perdurable de un líder se mide por su sucesión.

Reflexiona y respóndete a esta pregunta: ¿eres un líder o un seguidor? Pero, sobre todo, piensa qué debes ser si aspiras a conseguir el éxito en tu vida, porque eso formará parte del precio que debes pagar y de los cambios que debes hacer para lograrlo.

DECISIÓN Y PERSISTENCIA

Un estudio[15] de la Universidad de Columbia expone que las personas tomamos una media de 70 decisiones al día. Como si de un músculo se tratase, tomar muchas decisiones a lo largo del día puede provocar fatiga de decisión, es decir, el cerebro se cansa después de tanto decidir. Además, según otro estudio de la Universidad de Texas, incluso no estando cansado puede que la toma de decisiones resulte complicada.

Obviamente, de esas más de 70 decisiones diarias, algunas serán más importantes que otras. Por ejemplo, elegir qué tomar de postre es bastante menos complicado y trascendental que decidir aceptar o rechazar la nueva oferta de trabajo y dimitir del actual.

Lo que está claro es que vas a tener que ejercitar ese músculo de la decisión para dar los pasos correctos hacia el éxito.

10.1 ¿Cómo toman decisiones las personas exitosas?

Las personas que consiguen llegar a un nivel más alto de éxito **toman las decisiones con rapidez**, porque saben lo que desean fervientemente; sin embargo, las que no han alcanzado tal nivel son lentas y cambian sus decisiones.

Esto lo afirma también Napoleon Hill en su libro *Piense y hágase rico*, donde, tras analizar a centenares de personas con grandes fortunas, llegaba a la conclusión de que todas tenían «el hábito de tomar decisiones de forma inmediata y de cambiarlas lenta-

---

15. Puedes consultar este estudio a través del enlace siguiente: https://www.ncbi.nlm.nih.gov/pubmed/11138768.

mente». Sobre los que no tenían esas fortunas, Hill afirmaba que «tomaban decisiones lentamente, si es que llegaban a hacerlo, y las cambiaban con mucha rapidez y frecuencia». Napoleon Hill pone como claro ejemplo de persona muy determinada y no fácilmente influenciable a Henry Ford, ya que, mientras creaba su modelo T, tenía a todos en contra intentándole hacer cambiar su decisión, sin embargo, se mantuvo firme.

Hill afirma que «la mayoría de las personas que no logran acumular dinero suficiente para cubrir sus necesidades generalmente son personas que se dejan influir con facilidad por las opiniones de los demás». Si te afecta lo que otros te dicen cuando tomas una decisión, no tendrás éxito en lo que se refiere a lo que tú realmente anhelas conseguir en tu vida, pues terminarás haciendo lo que otros quieran y no lo que tú deseas. Y recuerda: donde estás ahora es el producto de tus decisiones anteriores.

En la década de los 50, Solomon Asch, un prestigioso psicólogo estadounidense mundialmente conocido por sus trabajos pioneros en psicología social, llevó a cabo un experimento[16] relacionado con la presión o influencia que los demás ejercen sobre nosotros. En él demostró que la presión social sobre las personas puede inducirlas voluntariamente al error:

Nueve personas eran elegidas para sentarse alrededor de una mesa. Ocho de ellas eran cómplices de Asch y recibían la instrucción de responder incorrectamente a algunas preguntas. Una de las personas iba a ser puesta a prueba inocentemente. Los inocentes acudían a realizar una prueba de visión. Les mostraban unas tarjetas con unas líneas en vertical de distintas longitudes y les pedían que respondieran a una serie de preguntas sobre cuál era más larga o cuáles eran iguales entre ellas. El turno de respuesta estaba asignado por el experimentador, que dejaba a la persona inocente opinar de las últimas.

En las dos primeras rondas de preguntas, tanto los cómplices como el sujeto crítico respondieron de forma unánime la res-

---

16. Puedes ampliar la información sobre este experimento a través de este enlace: https://www.youtube.com/watch?v=keEDKxXWriY.

puesta correcta. Sin embargo, a partir de la tercera prueba, los cómplices indicaban intencionalmente una respuesta incorrecta. En esta, el sujeto da la respuesta correcta al final, mostrándose sorprendido por las respuestas previas (e incorrectas) de los cómplices. En la prueba siguiente la situación se repite: los cómplices dan de forma unánime una respuesta incorrecta y el sujeto crítico disiente dando la respuesta correcta, pero mostrando un desconcierto mayor. Al repetirse la situación, el sujeto crítico eventualmente cede a la presión de grupo e indica también una respuesta incorrecta. Por tanto, se demostró que la persona que tenía razón se dejaba llevar y respondía también de forma equivocada siguiendo la corriente del grupo.

El experimento se repitió con 123 participantes distintos. Se encontró que, aunque en circunstancias normales los participantes daban una respuesta errónea el 1 % de las veces, la presencia de la presión de grupo causaba que los participantes se dejaran llevar por la opción incorrecta el 36,8 % de las veces.

Aunque la mayoría de los sujetos contestaron acertadamente, muchos demostraron un malestar extremo, y una proporción elevada de ellos (33 %) se conformó con el punto de vista mayoritario de los otros cuando había al menos tres cómplices presentes, incluso aunque la mayoría dijera que dos líneas con varios centímetros de longitud de diferencia eran iguales. Cuando los cómplices no emitían un juicio unánime era más probable que el sujeto disintiera que cuando estaban todos de acuerdo. Los sujetos que no estaban expuestos a la opinión de la mayoría no tenían ningún problema en dar la respuesta correcta.

Tienes cerebro propio y eres dueño de tus decisiones, así que, si necesitas resolver un asunto, recoge toda la información que necesites al respecto y toma una decisión sin dejarte influenciar. **Elige por ti mismo**. ¿No conoces a alguien a quien le cuesta decidirlo todo, incluso los asuntos más pequeños y simples de su vida diaria, a quien determinar qué película ver o por qué restaurante decantarse le supone un gran esfuerzo y estrés?

La toma de decisiones debe ser una habilidad que has de manejar con soltura si realmente deseas tener control sobre tu vida. Al final, cuantas más decisiones tomes, más experto en hacerlo te volverás.

Tony Robbins en su libro *Controle su destino*[17] habla de **tres decisiones esenciales que no debemos delegar** en otros a menos que queramos cederles el control de nuestra vida. Además, añade que quienes tengan una vida mejor que la tuya ahora mismo estarán decidiendo mejor que tú sobre estas tres decisiones:

1. Decisiones sobre qué enfocar tu atención.
2. Decisiones sobre qué significan las cosas para ti.
3. Decisiones sobre qué hacer para conseguir lo que deseas.

Y aporta seis claves que te ayudarán a **utilizar mejor tu poder de decisión:**

1. Recuerda que una simple decisión puede cambiar tu vida y que en el momento en que tomas una decisión pones en marcha una nueva dirección en tu vida.
2. Comprométete a tomar decisiones y hazlo de forma inteligente y con rapidez. Y cuando habla de decisión lo entiende como acción, no como el hecho de desear decidir.
3. Decide a menudo, pues la toma de decisiones es como un músculo que, cuanto más lo ejercites, mejor estará.
4. Saca un aprendizaje de todas las decisiones que tomes, no las veas nunca como un error.
5. Mantente firme en tu decisión, pero permítete hacer ajustes, es decir, mantén el foco en el fin que persigues, aunque tengas que coger alguna alternativa con la que en un principio no contabas.
6. Disfruta decidiendo.

---

17. Tony Robbins, *Controle su destino*, Editorial Debolsillo, 2010.

10.2 El miedo a fracasar

¿Por qué hay personas a las que les cuesta tomar decisiones y otras a las que no? Detrás de ello está, nuevamente, el conocido miedo a decidir y fracasar[18], por tanto, seamos claros y honestos: te equivocarás y tomarás decisiones erróneas, pero debes aprender de ellas, pues será la experiencia la que te haga hacerlo mejor la próxima vez. Además, las personas con éxito toman decisiones porque tienen un mejor control de sus emociones.

El miedo es una de las emociones que más daño te puede hacer en tu vida si no la gestionas bien, ya que puede limitarte e impedirte tener la vida que deseas. Y todos tenemos miedo, lo que nos diferencia es lo que hacemos para enfrentarnos a él.

El miedo puede ser bueno y malo. El miedo bueno es el que te protege del peligro, te ayuda a mantener en alerta todo tu cuerpo ante determinadas circunstancias; el miedo malo es el que te colapsa, te paraliza y disminuye tus acciones e ilusiones. Al miedo siempre lo vas a tener a tu lado cogiéndote de la mano, pero, una vez más, dependerá de ti cómo lo utilices. ¿Lo usas para crecer?

El mejor antídoto para el miedo es actuar. Muchas veces mis amigos me preguntan: «Pero ¿no tienes miedo?». Y respondo que por supuesto que sí, mucho más del que se imaginan, pero actúo igualmente. La clave para manejarlo está en lograr que no te paralice, y en dejar de pensar y de darle vueltas a lo que te asusta.

Recuerda que para conseguir lo que quieres debes actuar, y que detrás de eso que te da miedo está la llave que te abre al cambio y al crecimiento.

---

18. Desarrollo este tema en profundidad en *Conduce tu vida*, el primer libro de la serie.

Es tu turno

Enumera tres hechos que temas. A continuación, escribe qué acciones puedes emprender para enfrentarte a cada uno.

Una vez que entiendas que el miedo es parte del proceso, estarás preparado para ejercitar tu poder de decisión porque, como todo, es posible entrenarlo y conseguir mejorarlo. Toma decisiones teniendo en cuenta que todo tiene una consecuencia. Empieza por las pequeñas —qué desayunar— y después enfréntate a otras mayores, esas que pueden provocar un cambio radical en tu vida. Y recuerda: los fracasos son lecciones de aprendizaje.

Y una vez que decidas y actúes, **persiste**, pues la persistencia es otra de las grandes diferencias de las personas que consiguen la vida que desean frente a las que no. Quienes alcanzan sus sueños saben que el poder se basa en la insistencia, en la fuerza para resistir ante los obstáculos cuando otros abandonarían. La gran mayoría de las personas son proclives a dejar de lado sus objetivos y metas ante el primer problema que se les plantee, así que renuncian rápidamente a sus sueños. Sin embargo, solo un 3 % acaba alcanzando el éxito porque no se da por vencido y, ante el obstáculo o fracaso, se levanta y sigue luchando por cumplir sus sueños. Son personas cuya capacidad de continuar el camino hacia la consecución de sus metas o el conseguir sus sueños no es negociable, continúan a pesar de todos los obstáculos y nunca se rinden.

Las personas que son incapaces de saber con claridad qué es lo que quieren procrastinan, culpan a los demás de sus fracasos y no se hacen responsables de ellos. En lugar de adoptar hábitos que les conduzcan al éxito, se resignan y aceptan lo que tienen, aunque no sean felices con ello.

«No me siento desanimado porque todo intento erróneo descartado es otro paso hacia delante».

Edison

Ahora bien, **la persistencia es un estado mental**, por tanto, a continuación te voy a indicar las claves que hacen que las personas exitosas no se rindan a pesar de los obstáculos:

1. Tienen un propósito, proyecto, pasión o como quieras denominarlo. Es fundamental tener un objetivo y un porqué tan fuerte que te haga levantarte, aunque te caigas cien veces.
2. Tienen una divina obsesión, ese deseo que te hace pensar en algo todo el tiempo.
3. Confían en sí mismos. Es importantísimo confiar en ti, pues, si no lo haces tú, ¿quién lo va a hacer? Confiar en que puedes conseguir lo que te propongas es fundamental.
4. Establecen un plan para alcanzar sus objetivos. Planificarte bien te ayudará a persistir.
5. Tienen conocimientos sobre el tema que les ocupa. La información es poder, y saber que lo que quieres es viable y que dispones del conocimiento necesario para ello te ayudará a persistir.
6. Tienen fuerza de voluntad para convertir todo lo anterior en un hábito. Cuando tienes un hábito ya no necesitas fuerza de voluntad, pues esa acción estará integrada en tu sistema.

«La energía y la persistencia conquistan todas las cosas».
Benjamin Franklin

«Nada en este mundo puede tomar el lugar de la persistencia. El talento no lo hará: no hay nada más común que hombres talentosos, pero sin éxito. La sabiduría no lo hará: la sabiduría sin recompensa es casi tan común como un proverbio. La educación no lo hará: el mundo está lleno de vagabundos con educación. La persistencia y la determinación son omnipotentes».
Calvin Coolidge

Apasiónate con tu meta. Es fundamental que te comprometas de tal modo que no haya otra opción. Sé que quizás la palabra *obsesión* no te parezca muy buena, pero no la tomes como algo negativo. Cuando todos puedan ver que es imposible luchar contra tu pasión, dejarás de parecerles un obsesionado y te convertirás en el exitoso que lo logró.

Es tu turno

Escribe tres nombres de personas que hayan logrado lo que tú quieres. A continuación, explica qué es lo que más valoras de esas personas.

Con este ejercicio puedes visualizar a personas que ya han conseguido lo que tú quieres, y seguro que a estas alturas del libro podrás detectar características y rasgos que tienen en común. Apúntalos porque no son casuales y deberás replicarlos para convertirte en una de ellas.

EL MOMENTO ES AHORA

11

E l mejor momento para conseguir ser quien quieres ser es ahora, así que, si me pides un consejo para lograrlo, te diré que actúes ya, y si quieres unas cuantas tareas para empezar, te propongo las siguientes:

11.1 Empieza ya, ahora, no mañana ni el lunes

Lo primero que debes hacer es establecer a dónde quieres ir. Sé claro y conciso con tus metas.

Si tienes que hacer algo para cambiar tu situación y no lo estás haciendo, para de postergar. Si dices «Ahora no tengo tiempo para hacerlo», siento decirte que nunca lo tendrás, porque nunca va a existir el momento perfecto para hacer eso que te impulse a salir de tu zona de confort. Y es que, aunque esa zona te haga sentir incómodo, si aún no has salido de ella es porque no te ha dolido lo suficiente.

Siempre vas a encontrar excusas para seguir procrastinando, ya que te seguirás autoengañando con cualquier motivo para seguir justificando tu no acción. Y es que está claro que el mentirte te protege de la realidad: «Yo soy diferente», «Yo no lo hago porque de verdad no es un buen momento para mí», «No lo hago porque no tengo tiempo», «No lo hago porque ya mejor espero a septiembre», «No lo hago porque no tengo el dinero»... Hay toda una larga lista de mentiras que te ayudan a paliar el dolor de la realidad.

Hay muchas personas que, a la primera de cambio, se paralizan ante el deseo de conseguir su meta o se rinden ante cualquier infortunio. La falta de persistencia es una de las causas de no conseguir nuestras metas o propósitos y es que, para conseguir lo que te propones, debes seguir una serie de pasos:

- Saber lo que quieres y por qué lo quieres.
- Convertir eso que quieres en tu obsesión.
- Confiar en ti y en que puedes conseguirlo.
- Tener un plan para ejecutarlo.
- Crear hábitos que te acerquen a tu objetivo.
- Persistir, continuar hasta llegar al objetivo que deseas.

Necesitas ponerte en acción, así que deja de pensar y actúa, porque solo cuando lo haces empieza a funcionar la máquina de las oportunidades. La vida ama la acción y detesta la pasividad.

Pasar a la acción te llevará a tener los resultados que deseas, sería una lástima que teniendo toda esta información la ignores no actuando. Estamos en el mejor momento de la historia para conseguir la vida que deseas, no desaproveches esta oportunidad.

11.2 Ten cuidado con el círculo del que te rodeas

Si no están en la misma mentalidad de crecimiento y expansión que tú, puede que te digan que a dónde vas, que es mejor lo malo conocido que lo bueno por conocer, que el éxito o el dinero no lo son todo en la vida, que eres demasiado mayor o demasiado joven, que vayas despacio porque hay tiempo para todo... Cuando escuches todos estos comentarios, piensa más allá y mira lo que hay detrás de esas frases: detrás hay miedo y rendición, personas que se han dado por vencidas y han dejado de conducir su vida. Por tanto, ellos no te podrán ayudar ni entender, así que aprende de otros, cambia de círculo o búscate un mentor.

¿Por qué crees que Rafa Nadal necesita un entrenador? ¿Por qué en todas las biografías de grandes empresarios se cuenta que alguien los ayudó? ¿A estas alturas sigues creyendo en las casualidades? ¡Espero que la respuesta sea un no rotundo! Ponte en acción y elige a esa persona que ya ha conseguido los objetivos o metas que deseas. Todos los grandes deportistas, atletas, empresarios o personas de éxito tienen alguien detrás, porque esa es una de las mejores estrategias para avanzar. Es más, en el estudio a diferentes millonarios que realiza Tom Corley en su libro *Change your habits, change your life*[19], el 93 % de todos los millonarios que hicieron su fortuna por sí mismos coinciden en que lo consiguieron gracias a los mentores que tuvieron. Y es que, como dice Corley: «Encontrar a un mentor sobre el éxito en la vida es uno de los modos menos penosos de hacerse rico».

Un mentor te acompañará de diversas formas: a veces es alguien que está en tu vida desde hace mucho tiempo y que siempre te ha parecido un ejemplo a seguir, y otras veces es alguien que, de repente, aparece frente a ti o descubres en internet o en un libro.

Lo que sin duda te beneficiará es tener un mentor experimentado que ya haya alcanzado los resultados que tú persigues, ya que es una oportunidad para ayudarte a acelerar el proceso, te facilitará el cambio, te asesorará, guiará y será fuente de inspiración; puede también que desde fuera reconozca esa capacidad que tienes o esa pasión que desprendes por algo. También te abrirá puertas que no eras capaz de identificar y se comprometerá contigo y tu camino, pero solo cuando tú te comprometas de verdad contigo mismo.

Te puedo asegurar que yo descubrí lo que me faltaba en mi camino gracias a mis mentores; ellos también me dieron el empujón que me faltaba para realizar determinados cambios y me ayudaron a prepararme técnica y mentalmente. Sin su ayuda, el camino se me habría hecho bastante más complejo, porque ellos dieron respuesta a muchas de mis preguntas y eso hizo que pudiese explotar mejor las habilidades que tenía y los hábitos que necesitaba establecer. Por eso decidí convertirme yo misma en mentora, para poder ayudar a crecer a otras per-

---

19. Tom Corley, *Change your habits, change your life*, North Loop Books, 2016.

sonas a través de mis libros, conferencias, cursos y mentorías, como otros lo han hecho conmigo.

Solo cuando aprendas a dirigir tus pensamientos podrás conseguir todo aquello que quieras, pues es la actitud y la manera de responder ante determinadas circunstancias las que te harán tener unos resultados u otros.

Y muy importante: aprende a gestionar los fracasos, es decir, la manera en que te enfrentas a ellos. El éxito está justo en la orilla opuesta a la frustración, así que crea nuevas estrategias para cruzar el puente.

11.3 No dejes de formarte, no importa cuánto éxito tengas: sigue en la rueda de la formación, del crecimiento

Y comprométete a cumplir tus objetivos para que no abandones el camino ante posibles tropiezos. Además, presta atención porque siempre hay quien abandona sin darse cuenta cuando está llegando a la meta.

Creo firmemente que la vida nos pone desafíos para ver el grado de compromiso con nuestros objetivos, así que recuerda: llega quien persiste, no quien es más inteligente.

Y por último, si quieres conseguir el éxito, además de integrar todos los hábitos y pensamientos que has venido estudiando en el libro, no te olvides de lo siguiente:

- Confía en que tú puedes, no existe otra opción posible.
- Convierte las dificultades en algo que te dé aún más energía, que te pique para continuar jugando y querer ganar.
- Comprométete contigo mismo en conseguirlo y persiste: la persistencia es el gran ingrediente que tienes que añadir a todo lo que te explico en el libro. Recuerda que todo requiere de su periodo de gestación, así que no intentes ir en contra de la naturaleza.

Recuerda que **vivir la vida que deseas es tu deber**. Además, nadie va a obtener nada bueno de tu vida mediocre, pero beneficiarás a mucha gente si tienes una vida de éxito. La mejor noticia es que esto depende de ti, así que nunca te conformes con menos de lo que deseas y obsesiónate —en el buen sentido— con ello.

Nada grande se ha conseguido sin que hubiera detrás una persona con la idea fija de que triunfaría. Es el momento de despertar, descubrir tu pasión y empezar trabajar en ella para crear tu propia vida. Depende de ti y nadie más que tú puede hacerlo, así que ¿a qué estás esperando?

PLANIFICA TU ÉXITO

Enhorabuena por haber llegado hasta aquí, significa que te has comprometido con abrazar tu éxito y no puedo estar más feliz por ello. Ahora toca ponerse en marcha porque, como ya sabes, las personas de éxito son personas de acción.

Para que pasar a la acción sea muy fácil, he creado para ti un plan de 12 meses. Puedes llevarlo a cabo siguiendo estos pasos:

1. Pon el mes en el que estás y los objetivos que te propones conseguir.
2. Escribe cuál será la recompensa o recompensas que tendrás si lo haces.
3. Selecciona las áreas de tu vida en las que te vas a centrar ese mes:

- Salud
- Familia
- Amor
- Amigos
- Carrera profesional
- Ingresos
- Ocio

4. Enumera las tareas o acciones que te permitirán conseguir tus objetivos. Sé realista pero ambicioso, y lo más importante: ponte a ello con determinación.
5. Una vez acabado el mes, vuelve a tu hoja mensual y marca si los has conseguido o no. Anota en las líneas finales los motivos, tus sensaciones y reflexiones.

Recuerda que el momento de actuar es ahora, así que empieza este mes a construir tu éxito.

"Lo que la mente del hombre puede concebir y creer es lo que la mente del hombre puede lograr".
Napoleon Hill

MES

ENERO FEBRERO MARZO   ABRIL   MAYO   JUNIO
JULIO AGOSTO   SEPTIEMBRE OCTUBRE   NOVIEMBRE DICIEMBRE

Objetivos del mes:

1 _____
2 _____
3 _____

ÁREA

- [ ] Salud
- [ ] Familia
- [ ] Amor
- [ ] Amigos

- [ ] Carrera profesional
- [ ] Ingresos
- [ ] Ocio
- [ ] Otros: _____

✓ *Realizada* / *Pendiente*   ✓ *Realizada* / *Pendiente*

- [ ] _____
- [ ] _____
- [ ] _____
- [ ] _____
- [ ] _____
- [ ] _____
- [ ] _____
- [ ] _____

- [ ] _____
- [ ] _____
- [ ] _____
- [ ] _____
- [ ] _____
- [ ] _____
- [ ] _____
- [ ] _____

¿He conseguido el objetivo?   RECOMPENSA

SI ☺
NO ☹

"Muchos de nosotros no vivimos nuestros sueños porque vivimos nuestros miedos".
Les Brown

MES

| ENERO | FEBRERO | MARZO | ABRIL | MAYO | JUNIO |
| JULIO | AGOSTO | SEPTIEMBRE | OCTUBRE | NOVIEMBRE | DICIEMBRE |

Objetivos del mes:

1 _____
2 _____
3 _____

ÁREA

☐ Salud
☐ Familia
☐ Amor
☐ Amigos

☐ Carrera profesional
☐ Ingresos
☐ Ocio
☐ Otros: _____

✓ Realizada / Pendiente

☐ _____
☐ _____
☐ _____
☐ _____
☐ _____
☐ _____
☐ _____
☐ _____

✓ Realizada / Pendiente

☐ _____
☐ _____
☐ _____
☐ _____
☐ _____
☐ _____
☐ _____
☐ _____

¿He conseguido el objetivo?

SI 🙂
NO 🙁

RECOMPENSA

"La manera de empezar
es dejar de hablar y
empezar a hacer".
Walt Disney

Planifica tu éxito

MES

ENERO FEBRERO MARZO ABRIL MAYO JUNIO
JULIO AGOSTO SEPTIEMBRE OCTUBRE NOVIEMBRE DICIEMBRE

Objetivos del mes:

1 _____
2 _____
3 _____

ÁREA

- [ ] Salud
- [ ] Familia
- [ ] Amor
- [ ] Amigos

- [ ] Carrera profesional
- [ ] Ingresos
- [ ] Ocio
- [ ] Otros: _____

✓ Realizada / Pendiente   ✓ Realizada / Pendiente

- [ ] _____
- [ ] _____
- [ ] _____
- [ ] _____
- [ ] _____
- [ ] _____
- [ ] _____
- [ ] _____

- [ ] _____
- [ ] _____
- [ ] _____
- [ ] _____
- [ ] _____
- [ ] _____
- [ ] _____
- [ ] _____

¿He conseguido el objetivo?   RECOMPENSA

SI ☺
NO ☹

"Soñar, después de todo,
es una forma de
planificación".
Gloria Steinem

MES

ENERO   FEBRERO   MARZO   ABRIL   MAYO   JUNIO
JULIO   AGOSTO   SEPTIEMBRE   OCTUBRE   NOVIEMBRE   DICIEMBRE

Objetivos del mes:

1 _____
2 _____
3 _____

ÁREA

- [ ] Salud
- [ ] Familia
- [ ] Amor
- [ ] Amigos

- [ ] Carrera profesional
- [ ] Ingresos
- [ ] Ocio
- [ ] Otros: _____

✓ *Realizada* / *Pendiente*   ✓ *Realizada* / *Pendiente*

- [ ] _____   - [ ] _____
- [ ] _____   - [ ] _____
- [ ] _____   - [ ] _____
- [ ] _____   - [ ] _____
- [ ] _____   - [ ] _____
- [ ] _____   - [ ] _____
- [ ] _____   - [ ] _____
- [ ] _____   - [ ] _____

¿He conseguido el objetivo?   RECOMPENSA

SI ☺
NO ☹

"La persona que dice
que no se puede
hacer no debe
interrumpir a la persona que
lo está haciendo".
Proverbio chino

MES

ENERO FEBRERO MARZO   ABRIL   MAYO   JUNIO
JULIO AGOSTO   SEPTIEMBRE OCTUBRE NOVIEMBRE DICIEMBRE

Objetivos del mes:

1 _____
2 _____
3 _____

ÁREA

- [ ] Salud
- [ ] Familia
- [ ] Amor
- [ ] Amigos

- [ ] Carrera profesional
- [ ] Ingresos
- [ ] Ocio
- [ ] Otros: _____

✓ Realizada / Pendiente   ✓ Realizada / Pendiente

- [ ] _____
- [ ] _____
- [ ] _____
- [ ] _____
- [ ] _____
- [ ] _____
- [ ] _____
- [ ] _____

- [ ] _____
- [ ] _____
- [ ] _____
- [ ] _____
- [ ] _____
- [ ] _____
- [ ] _____
- [ ] _____

¿He conseguido el objetivo?   RECOMPENSA

SI ☺
NO ☹

"Para tener éxito,
su deseo de éxito debe ser
mayor que su miedo
al fracaso".
Bill Cosby

MES

ENERO FEBRERO MARZO ABRIL MAYO JUNIO
JULIO AGOSTO SEPTIEMBRE OCTUBRE NOVIEMBRE DICIEMBRE

Objetivos del mes:

1. _____
2. _____
3. _____

ÁREA

- [ ] Salud
- [ ] Familia
- [ ] Amor
- [ ] Amigos

- [ ] Carrera profesional
- [ ] Ingresos
- [ ] Ocio
- [ ] Otros: _____

✓ Realizada / Pendiente   ✓ Realizada / Pendiente

- [ ] _____
- [ ] _____
- [ ] _____
- [ ] _____
- [ ] _____
- [ ] _____
- [ ] _____
- [ ] _____

- [ ] _____
- [ ] _____
- [ ] _____
- [ ] _____
- [ ] _____
- [ ] _____
- [ ] _____
- [ ] _____

¿He conseguido el objetivo?   RECOMPENSA

SI 🙂
NO ☹

"Las personas exitosas siempre
están buscando oportunidades
para ayudar a otros.
La gente fracasada siempre
están preguntando,
¿Qué hay en ella para mí?".
Brian Tracy

MES

ENERO FEBRERO MARZO ABRIL MAYO JUNIO
JULIO AGOSTO SEPTIEMBRE OCTUBRE NOVIEMBRE DICIEMBRE

Objetivos del mes:

1. _____
2. _____
3. _____

ÁREA

- [ ] Salud
- [ ] Familia
- [ ] Amor
- [ ] Amigos

- [ ] Carrera profesional
- [ ] Ingresos
- [ ] Ocio
- [ ] Otros: _____

✓ Realizada / Pendiente

- [ ] _____
- [ ] _____
- [ ] _____
- [ ] _____
- [ ] _____
- [ ] _____
- [ ] _____
- [ ] _____

✓ Realizada / Pendiente

- [ ] _____
- [ ] _____
- [ ] _____
- [ ] _____
- [ ] _____
- [ ] _____
- [ ] _____

¿He conseguido el objetivo?

SI 🙂
NO ☹

RECOMPENSA

"No espere.
El tiempo nunca
será justo".
Napoleon Hill

Planifica tu éxito

MES

ENERO FEBRERO MARZO   ABRIL   MAYO   JUNIO
JULIO AGOSTO   SEPTIEMBRE OCTUBRE NOVIEMBRE DICIEMBRE

Objetivos del mes:

1 _____
2 _____
3 _____

ÁREA

☐ Salud
☐ Familia
☐ Amor
☐ Amigos

☐ Carrera profesional
☐ Ingresos
☐ Ocio
☐ Otros:_____

✓ Realizada / Pendiente   ✓ Realizada / Pendiente

☐ _____   ☐ _____
☐ _____   ☐ _____
☐ _____   ☐ _____
☐ _____   ☐ _____
☐ _____   ☐ _____
☐ _____   ☐ _____
☐ _____   ☐ _____
☐ _____   ☐ _____

¿He conseguido el objetivo?   RECOMPENSA

SI ☺
NO ☹

"Dentro de veinte años estarás más
decepcionado por las cosas que
no hiciste que por las que hiciste,
así que suelta las amarras,
navega lejos del puerto seguro,
captura los vientos alisios en
tus velas. Explora. Sueña.
Descubre".
Mark Twain

MES

| ENERO | FEBRERO | MARZO | ABRIL | MAYO | JUNIO |
| JULIO | AGOSTO | SEPTIEMBRE | OCTUBRE | NOVIEMBRE | DICIEMBRE |

Objetivos del mes:

1 _____
2 _____
3 _____

ÁREA

☐ Salud   ☐ Carrera profesional
☐ Familia   ☐ Ingresos
☐ Amor   ☐ Ocio
☐ Amigos   ☐ Otros: _____

✓ Realizada / Pendiente   ✓ Realizada / Pendiente

☐ _____   ☐ _____
☐ _____   ☐ _____
☐ _____   ☐ _____
☐ _____   ☐ _____
☐ _____   ☐ _____
☐ _____   ☐ _____
☐ _____   ☐ _____
☐ _____   ☐ _____

¿He conseguido el objetivo?   RECOMPENSA

SI ☺
NO ☹

"Si quieres hacer un cambio permanente, deja de centrarte en el tamaño de tus problemas y céntrate en tu tamaño".
T. Harv Eker

Planifica tu éxito

MES

ENERO   FEBRERO   MARZO   ABRIL   MAYO   JUNIO
JULIO   AGOSTO   SEPTIEMBRE   OCTUBRE   NOVIEMBRE   DICIEMBRE

Objetivos del mes:

1 _____
2 _____
3 _____

ÁREA

☐ Salud
☐ Familia
☐ Amor
☐ Amigos

☐ Carrera profesional
☐ Ingresos
☐ Ocio
☐ Otros:_____

✓ Realizada / Pendiente   ✓ Realizada / Pendiente

☐ _____   ☐ _____
☐ _____   ☐ _____
☐ _____   ☐ _____
☐ _____   ☐ _____
☐ _____   ☐ _____
☐ _____   ☐ _____
☐ _____   ☐ _____
☐ _____   ☐ _____

¿He conseguido el objetivo?   RECOMPENSA

SI ☺
NO ☹

"El punto de partida
de todo logro es
el deseo".
Napoleon Hill

MES

ENERO FEBRERO MARZO ABRIL MAYO JUNIO
JULIO AGOSTO SEPTIEMBRE OCTUBRE NOVIEMBRE DICIEMBRE

Objetivos del mes:

1 _____
2 _____
3 _____

ÁREA

☐ Salud
☐ Familia
☐ Amor
☐ Amigos

☐ Carrera profesional
☐ Ingresos
☐ Ocio
☐ Otros: _____

✓ Realizada / Pendiente

☐ _____
☐ _____
☐ _____
☐ _____
☐ _____
☐ _____
☐ _____
☐ _____

✓ Realizada / Pendiente

☐ _____
☐ _____
☐ _____
☐ _____
☐ _____
☐ _____
☐ _____
☐ _____

¿He conseguido el objetivo?

SI 😊
NO ☹

RECOMPENSA

"Tienes que esperar
grandes cosas de ti
mismo antes de hacerlas".
Michael Jordan

Planifica tu éxito

MES

ENERO FEBRERO MARZO ABRIL MAYO JUNIO
JULIO AGOSTO SEPTIEMBRE OCTUBRE NOVIEMBRE DICIEMBRE

Objetivos del mes:

1 _____
2 _____
3 _____

ÁREA

- [ ] Salud
- [ ] Familia
- [ ] Amor
- [ ] Amigos
- [ ] Carrera profesional
- [ ] Ingresos
- [ ] Ocio
- [ ] Otros: _____

✓ Realizada / Pendiente   ✓ Realizada / Pendiente

- [ ] _____
- [ ] _____
- [ ] _____
- [ ] _____
- [ ] _____
- [ ] _____
- [ ] _____
- [ ] _____

- [ ] _____
- [ ] _____
- [ ] _____
- [ ] _____
- [ ] _____
- [ ] _____
- [ ] _____
- [ ] _____

¿He conseguido el objetivo?   RECOMPENSA

SI ☺
NO ☹

"Aquellos que se atreven
a fracasar
miserablemente
pueden lograr mucho".
John F. Kennedy

"Si no estás dispuesto a arriesgar lo habitual, tendrás que conformarte con lo ordinario".
Jim Rohn

Cuéntame, ¿qué has aprendido?

Conocer cómo son las personas de éxito, cómo piensan y qué hábitos han introducido en su vida para triunfar en lo que hacen es el primer paso para que te conviertas en una de ellas. Y en este libro has podido verlo todo para empezar a replicarlo.

Si lo haces, el éxito será una consecuencia inevitable.

Es lo que me ha pasado a mí y te garantizo que no soy diferente a ti. Solo tuve que adquirir los conocimientos y ponerlos en acción. Algo que me ha permitido cumplir mis objetivos y que ahora está al alcance de tu mano.

He disfrutado enormemente escribiendo este libro para ti y ahora me gustaría que fueras tú quien compartieras conmigo tus aprendizajes.

Cuéntame:

¿Qué aprendizajes te has llevado?

¿Qué es lo que más te ha servido para crecer?

¿Qué te gustaría compartir con otras personas?

Debes saber que con este libro no solo habrás mejorado tu vida, también la de personas que pasan por situaciones difíciles, como los beneficiarios de la Fundación Esperanza y Alegría, a los que dono un 10 % de los beneficios de este libro. Mil gracias por ayudarme a cumplir con esta labor.

Antes de despedirme, te pido un último favor: **ayúdame a que más personas tengan éxito en lo que se propongan.**

Puedes hacerlo de muchas formas:

- Comparte en tus redes sociales lo que has aprendido y las frases que más te han marcado para inspirar a otras personas a que inicien su búsqueda. Hazlo como prefieras —mediante palabras, fotos, vídeos…— y utiliza el *hashtag* que tenemos para unir estas conversaciones: #ConducetuVida.
- También puedes enviarme por correo una foto con el libro o un vídeo corto a diana@dianahenri.com para contarme qué te ha aportado este libro y para que otras personas también puedan descubrirlo.
- Regala este libro a esas personas a las que sabes que puede serles útil.
- Escribe una reseña en Amazon o deja tu opinión en mi página web o en mis perfiles sociales. Me encantará leerte.
- Únete a mi comunidad y conoce a otras personas que han tomado las riendas de sus vidas.

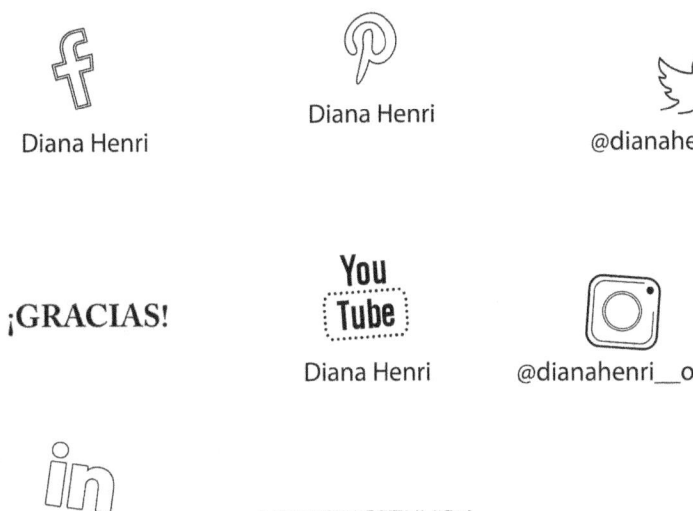

- Forma tu propia comunidad reuniendo a 3 o 4 personas que estén pasando por un momento similar y ayúdalos a sacar el máximo partido de estas enseñanzas.
- Apuesta por seguir formándote y creciendo a través de los otros libros de mi serie «Conduce tu vida», como *Conduce tu vida* o *Descubre tu pasión*.

Escucharte y saber que te he ayudado es el mejor regalo que puedes hacerme. Y te doy las gracias de corazón por ello.

Tienes la llave del éxito en tu mano: utilízala y muéstrale al mundo todo aquello de lo que eres capaz.

Te deseo un feliz camino.

Diana

La voz de tu alma

Querido lector, te recomiendo la lectura de *La voz de tu alma* porque, sin duda, es un libro que te hará conectar con tu verdadera esencia.

Lain, gracias una vez más por el apoyo diario que me sigues brindando. Y enhorabuena por todas las cosas bonitas que estás experimentando en tu vida.

Otros libros de la autora

Biografía de la autora

Diana Ha ejercido como abogada en multinacionales y empresas del sector inmobiliario hasta que sus experiencias personales y su pasión por ayudar a los demás le hicieron cambiar el rumbo de su vida. Después de formarse con mentores de la talla de Tony Robbins, T. Harv Eker, Brian Tracy, Lain García Calvo y Mabel Katz, decidió dedicarse a impulsar a los demás a conquistar sus sueños.

Desde entonces, ha publicado varios libros con el objetivo de inspirarnos a vivir mejor.

www.ingramcontent.com/pod-product-compliance
Lightning Source LLC
Chambersburg PA
CBHW032256150426
43195CB00008BA/473